Onerosidade Excessiva
e Desequilíbrio Contratual
Supervenientes

Onerosidade Excessiva e Desequilíbrio Contratual Supervenientes

2020

Marcos de Almeida Villaça Azevedo

ONEROSIDADE EXCESSIVA E DESEQUILÍBRIO CONTRATUAL SUPERVENIENTES
© Almedina, 2020

Autores: Marcos de Almeida Villaça Azevedo
Diretor Almedina Brasil: Rodrigo Mentz
Editora Jurídica: Manuella Santos de Castro
Editor de Desenvolvimento: Aurélio Cesar Nogueira
Assistentes Editoriais: Isabela Leite e Marília Bellio

Diagramação: Almedina
Design de Capa: FBA

ISBN: 9786556271132
Novembro, 2020

Dados Internacionais de Catalogação na Publicação (CIP)
(Câmara Brasileira do Livro, SP, Brasil)

Azevedo, Marcos de Almeida Villaça
Onerosidade Excessiva e Desequilíbrio Contratual
Supervenientes / Marcos de Almeida Villaça
Azevedo. – 1. ed. – São Paulo: Almedina, 2020.

Bibliografia
ISBN 978-65-5627-113-2

1. Contratos (Direito Civil) 2. Direito Civil
3. Direito Civil – Brasil 4. Onerosidade Excessiva
I. Título.

20-44516   CDU-347.449

Índices para catálogo sistemático:

1. Contratos: Onerosidade excessiva: Direito civil 347.449

Maria Alice Ferreira – Bibliotecária – CRB-8/7964

Este livro segue as regras do novo Acordo Ortográfico da Língua Portuguesa (1990).

Todos os direitos reservados. Nenhuma parte deste livro, protegido por copyright, pode ser reproduzida, armazenada ou transmitida de alguma forma ou por algum meio, seja eletrônico ou mecânico, inclusive fotocópia, gravação ou qualquer sistema de armazenagem de informações, sem a permissão expressa e por escrito da editora.

Editora: Almedina Brasil
Rua José Maria Lisboa, 860, Conj. 131 e 132, Jardim Paulista | 01423-001 São Paulo | Brasil
editora@almedina.com.br
www.almedina.com.br

AGRADECIMENTOS

A meu pai Álvaro Villaça Azevedo, pela eterna inspiração.

À minha esposa Caroline, amor da minha vida, grande incentivadora de minhas conquistas.

A meu filho Pedro, jovem acadêmico de Direito, pelo valioso auxílio na fase de revisão do livro.

A meu filho Victor, grande companheiro que também me traz orgulho e alegria.

PREFÁCIO

A obra de Marcos de Almeida Villaça Azevedo dedicada ao tema da onerosidade excessiva nos contratos civis se origina de tese de Doutorado defendida e aprovada pela Faculdade de Direito da Universidade de São Paulo- Departamento de Direito Civil, perante Banca examinadora por mim presidida e composta pelos professores Doutores Custódio Ubaldino da Piedade Miranda, Renan Lotufo, Wanderley de Paula Barreto e Artur Marques da Silva Filho. O autor continuou a pesquisar e refletir sobre o tema, atualizando-o também quanto à legislação pátria e às decisões judiciais.

Investigou a origem dos artigos do Código Civil embasadores da onerosidade excessiva, que fundamentam a revisão contratual, os quais representam inovação, como norma expressa, que acolheu pensamento de alguns doutrinadores manifestado na vigência do Código de 1917.

A pesquisa abrange as raízes históricas e o direito estrangeiro, com análise do direito francês, italiano, alemão, português e inglês, além do direito brasileiro, inclusive o anterior ao Código Civil vigente, os quais fundamentaram as reflexões do autor.

Com clareza de exposição, apresenta aspectos fundamentais dos contratos bem como dos princípios que o norteiam.

Trata do Código de Defesa do Consumidor, comparando-o com o Código Civil, e se preocupa com a necessária distinção entre teoria da imprevisão e onerosidade excessiva, com pressupostos diferentes, frisando sempre que esta independe da imprevisibilidade, com grande benefício ao devedor.

Considera, ainda, a boa-fé objetiva e analisa, ainda, institutos afins com a onerosidade excessiva.

A atualidade dos temas tratados é demonstrada pelo veto aos artigos 6.º e 7.º da Lei 14.010, de 10.6.2020 justificado em razão de o ordenamento jurídico "já dispor de mecanismos apropriados para a modificação das obrigações contratuais em situações excepcionais, tais como os institutos da força maior e do caso fortuito e teorias da imprevisão e da onerosidade excessiva".

O tema é sempre atual e ganha relevância em tempos de crise econômico-financeira, derivada de acontecimentos diversos, caracterizando importante caminho para se alcançar o equilíbrio das prestações e, assim, a justiça contratual, por meio da revisão judicial do contrato – e, se impossível, a resolução – anotando-se importante função do juiz. Para tanto, o autor apresenta a interpretação adequada aos artigos 317, 478, 479 e 480 do Código Civil, não obstante, *de lege ferenda* proponha que a dispensa da imprevisibilidade conste de modo expresso na norma pertinente, para se evitar interpretação equivocada.

A obra que ora apresento merece ser lida por seus sólidos fundamentos e maduras reflexões doutrinárias, com grande alcance prático para solução das várias questões jurídicas, interessando, por isso, aos estudantes de graduação e de pós-graduação, bem como aos profissionais em seus diversos âmbitos de atuação.

SILMARA JUNY DE ABREU CHINELLATO
Professora Titular de Direito Civil da Faculdade de Direito
da Universidade de São Paulo

SUMÁRIO

1. INTRODUÇÃO E IMPORTÂNCIA DO TEMA — 13

2. CONTRATOS: ASPECTOS FUNDAMENTAIS — 15
   2.1. Características e elementos essenciais do contrato — 15
   2.2. Elementos funcionais do contrato — 18
   2.3. A causa nos contratos — 20
   2.4. Conceito e força obrigatória do contrato — 25
   2.5. Espécies de contratos — 29
      2.5.1. Contrato de execução continuada, periódica ou diferida — 29
      2.5.2. Contrato unilateral e contrato bilateral ou sinalagmático — 30
      2.5.3. Contrato oneroso — 31
      2.5.4. Contrato comutativo e contrato aleatório — 32
      2.5.5. Contrato preliminar ou pré-contrato — 36

3. ANTECEDENTES HISTÓRICOS DA ONEROSIDADE EXCESSIVA — 39

4. DIREITO ESTRANGEIRO — 45
   4.1. França — 49
   4.2. Itália — 53
   4.3. Alemanha — 58
   4.4. Portugal — 65
   4.5. Inglaterra — 70

5. ONEROSIDADE EXCESSIVA 75
   5.1. Conceito 75
   5.2. Natureza jurídica 77
   5.3. Fundamentos para revisão ou resolução contratual por excessiva onerosidade superveniente 79
      5.3.1. Princípio da boa-fé objetiva 79
         5.3.1.1. Boa-fé 79
         5.3.1.2. Boa-fé subjetiva 80
         5.3.1.3. Boa-fé objetiva 84
         5.3.1.4. Breve notícia histórica da boa-fé objetiva 89
         5.3.1.5. Deveres anexos decorrentes do princípio da boa-fé objetiva 91
            5.3.1.5.1. Dever de informar 91
            5.3.1.5.2. Dever de confidencialidade ou sigilo 93
            5.3.1.5.3. Dever de cooperação e dever de prudência e diligência 94
      5.3.2. Princípio do equilíbrio contratual 95
         5.3.2.1. Princípio do equilíbrio contratual no Código de Defesa do Consumidor 99
      5.3.3. Teoria da pressuposição típica 102
      5.3.4. Teoria da base do negócio 108
      5.3.5. Função social do contrato 112
      5.3.6. Princípio da equidade 116
      5.3.7. Princípio da dignidade da pessoa humana 120
      5.3.8. Conclusão 123
   5.4. Institutos afins 124
      5.4.1. Teoria da imprevisão 124
      5.4.2. Cláusula de escala móvel 133
      5.4.3. Lesão enorme 136
      5.4.4. Força maior e caso fortuito 141
   5.5. Onerosidade excessiva superveniente e suas consequências 145
      5.5.1. Fato superveniente e alteração das circunstâncias 145
      5.5.2. Revisão contratual 149
      5.5.3. Resolução do contrato 156

6. DIREITO NACIONAL ... 159
   6.1. Direito luso-brasileiro ... 159
   6.2. Direito projetado anterior e Código Civil de 1916 ... 160
   6.3. Direito projetado posterior ao Código Civil de 1916 ... 161
   6.4. Código Civil de 2002 ... 163
   6.5. Código de Defesa do Consumidor ... 167

7. CONCLUSÕES ... 171

8. CONSTRUÇÃO LEGISLATIVA ... 175

REFERÊNCIAS ... 177

1.
Introdução e Importância do Tema

No Código Civil brasileiro vigente, ainda não existe norma que trate, de forma mais adequada e justa, da onerosidade excessiva nos contratos, e que proteja as partes contratantes de eventual acontecimento extraordinário e alheio às suas vontades, que atinja o contrato em curso, cause um excessivo desequilíbrio contratual e, consequentemente, o enriquecimento injustificado da parte beneficiada pelo fato superveniente ou a impossibilidade de cumprimento da avença, pela parte prejudicada.

Apesar de o Código Civil brasileiro[1] fazer menção à onerosidade excessiva como causa de resolução do contrato, ele a vincula à ocorrência de um fato extraordinário e imprevisível, positivando, assim, a cláusula *rebus sic stantibus*, em sua versão modificada que ressurgiu por ocasião da primeira guerra mundial (1914) com a nova denominação de teoria da imprevisão.

Realmente, o artigo 478, *caput*, desse Código estabelece que, nos contratos de execução continuada ou diferida, se a prestação de uma das partes tornar-se excessivamente onerosa, com extrema vantagem para a outra, em virtude de acontecimentos extraordinários e imprevisíveis, poderá o devedor prejudicado pedir a resolução do contrato.

---

[1] Lei nº 10.406, de 10 de janeiro de 2002, que entrou em vigor em 11 de janeiro de 2003.

E o artigo 317 do mesmo Diploma legal autoriza a modificação do valor da prestação se, "por motivos imprevisíveis", ele sofrer aumento ou diminuição acentuada.

Ocorre que muitas situações supervenientes, que não são imprevisíveis, podem acarretar desequilíbrio contratual, proporcionando uma vantagem excessiva para uma das partes contratantes, em detrimento da outra, tornando impossível ou insuportável para esta o adimplemento da prestação.

Desse modo, existe a necessidade de o Estado proteger as partes contratantes, prevendo a revisão ou a resolução do contrato, nos casos em que um fato superveniente e extraordinário, ocorrido na vigência do contrato, venha causar um sacrifício desproporcional para uma das partes contratantes, trazendo extrema vantagem para a outra, independentemente daquele fato ser, ou não, previsível.

O instituto da onerosidade excessiva deve ser desvinculado da hipótese de fato imprevisível ou imprevisto, que é fundamento para aplicação da teoria da imprevisão, que é outro instituto distinto da Teoria Geral dos Contratos.

O nosso Código de Defesa do Consumidor prevê a revisão judicial do contrato, no caso de fato superveniente que torne a obrigação excessivamente onerosa[2]. Porém, para alguns autores consumeristas, essa regra especial somente tem aplicação nas relações de consumo, não abrangendo, pois, os demais negócios jurídicos[3].

Portanto, após as devidas elucidações sobre esses institutos, com a necessária distinção dos mesmos, será proposta, ao final deste trabalho, a alteração do texto do Código Civil, a fim de que eventual onerosidade excessiva surgida na vigência de um contrato de execução continuada, periódica ou diferida, em virtude de acontecimento superveniente e extraordinário, autorize a revisão ou a resolução da avença e evite, consequentemente, um injusto sacrifício econômico ou financeiro de um contratante ou um enriquecimento injustificado do contratante excessivamente beneficiado pelo fato novo.

---

[2] Lei nº 8.078/1990, artigo 6º, inciso V.
[3] Na relação jurídica de consumo, existe, de um lado, o fabricante, construtor, importador ou comerciante de produto ou o fornecedor de serviço, e do outro, o destinatário final do produto ou do serviço (artigos 2º e 3º da Lei nº 8.078/1990).

2.
Contratos: Aspectos Fundamentais

2.1. Características e elementos essenciais do contrato
Para o desenvolvimento de suas atividades pessoais e profissionais, as pessoas necessitam de um instrumento que harmonize seus interesses econômicos com os de outras pessoas com as quais mantenham relações jurídicas. Esse instrumento é o contrato, que regula interesses contrapostos que são harmonizados pelas cláusulas e condições estipuladas pelos contratantes.

O contrato é um meio das partes adquirirem bens e serviços, atingirem suas metas, seus objetivos. Desse modo, as partes contratantes manifestam sua vontade segundo o seu querer, as suas aspirações e pretensões, os seus objetivos.

Elucida Darcy Bessone[4] que "A formação de todo contrato se baseia no consentimento", que "é essencial tanto no contrato bilateral como no unilateral, porque ambos são atos jurídicos bilaterais, isto é, em ambos se exigem duas declarações e, portanto, o acordo de vontades".

Cuidando dos elementos essenciais do contrato, assevera Maria Helena Diniz ser imprescindível o "consentimento das partes contratantes, visto que o contrato é originário do acordo de duas ou mais vontades isentas de

---

[4] Do Contrato – Teoria Geral, Ed. Saraiva, São Paulo, 4ª ed., 1997, pp. 115 e 116.

vícios de vontade (erro, dolo, coação, lesão e estado de perigo) e sociais (simulação e fraude)".[5]

No mesmo sentido, elucida Orlando Gomes que, "No exame dos elementos constitutivos do contrato, o consentimento apresenta-se como requisito típico, conquanto exigido, igualmente, na formação dos outros negócios jurídicos bilaterais"[6].

Outros autores também aludem ao consentimento e ao acordo de vontades, como sendo essenciais à formação do contrato. Entre eles, Caio Mário da Silva Pereira que afirma ser o contrato um "acordo de vontades"[7]; e Silvio Rodrigues que aduz o seguinte: "Se o comportamento humano é lícito e se externa mediante a manifestação válida da vontade, encontramo-nos no campo dos negócios jurídicos" e "nessa hipótese o ordenamento defere ao ato os efeitos almejados pelo agente. A vontade, adequadamente manifestada, vai gerar direitos e obrigações entre os seres humanos. A fonte imediata de tais relações jurídicas é a *vontade humana*"[8].

O consentimento das partes contratantes pode ser expresso, tácito ou, ainda, pode ocorrer por meio do silêncio. Consentimento expresso é o que se demonstra por qualquer escrito, manifestação oral ou por gestos. Quanto a estes, a título ilustrativo, o levantar de braço ou a gesticulação análoga pode demonstrar manifestação expressa de aprovação de uma proposição feita em uma assembleia de sócios, associados ou condôminos, ou ainda, manifestação expressa visando à aquisição de determinado objeto em um leilão.

O consentimento tácito é demonstrado, de forma inequívoca, pela prática de determinados atos. Por exemplo, o herdeiro que, sem manifestar expressamente se aceita ou renuncia a herança, ingressa ou se habilita no inventário ou arrolamento e pratica atos de administração, passando a cuidar da manutenção e a utilizar os bens do espólio, demonstra a sua aceitação tácita da herança, pois esse herdeiro pratica atos que são incompatíveis com a sua recusa ou renúncia.

---

[5] Tratado Teórico e Prático dos Contratos, vol. 1, Ed. Saraiva, São Paulo, 2ª ed., 1996, p. 14; Curso de Direito Civil Brasileiro, vol. 3, Ed. Saraiva, São Paulo, 28ª ed., 2012, pp. 35 e 36.
[6] Contratos, Ed. Forense, Rio de Janeiro, 18ª edição, atualizada por Humberto Theodoro Junior, 1998, p. 48.
[7] Instituições de Direito Civil, vol. III, Ed. Forense, Rio de Janeiro, 11ª ed., 2004, p. 7.
[8] Direito Civil, vol. 3, Dos Contratos e das Declarações Unilaterais da Vontade, Ed. Saraiva, São Paulo, 28ª ed., 2002, p. 3.

O silêncio também é uma forma de manifestação da vontade e, por isso, pode haver consentimento pelo silêncio da parte interessada, em hipóteses ou situações em que existe um dever jurídico de manifestação. Em uma reunião ou assembleia de sócios ou acionistas, convocada para deliberação de determinados assuntos da pauta ou da "ordem do dia", o sócio ou acionista que permanecer em silêncio, no momento das votações, estará manifestando sua concordância e aceitando as deliberações feitas pelos demais sócios ou acionistas.

A esse respeito, o artigo 111 do Código Civil estabelece que "O silêncio importa anuência, quando as circunstâncias ou os usos o autorizarem, e não for necessária a declaração de vontade expressa".

Além do consentimento, o contrato, como todo negócio jurídico, deve apresentar outros dois elementos essenciais ou requisitos de validade: capacidade das partes contratantes e objeto lícito, possível e determinado.

Embora o artigo 104 do Código Civil também considere a forma como requisito de validade, nem todo negócio jurídico requer uma maneira especial de manifestação da vontade, como se verifica nos contratos não solenes.

Aliás, dispõe o artigo 107 do mesmo Código que "A validade da declaração de vontade não dependerá de forma especial, senão quando a lei expressamente a exigir". Assim, nosso Código Civil adota a forma livre como regra, sendo considerada exceção a forma solene ou especial.

As partes contratantes devem ser capazes juridicamente, devem ter a chamada capacidade de fato, necessária para a prática dos atos da vida civil, devendo ser o contratante absolutamente incapaz representado pelos pais, tutor ou curador e o relativamente incapaz assistido, no momento da celebração do contrato (artigos 3º e 4º do Código Civil).

Assim, é nulo o contrato celebrado por pessoa absolutamente incapaz, sem estar devidamente representada, e anulável o contrato celebrado por pessoa relativamente incapaz, sem estar devidamente assistida (artigos 166, inciso I, e 171, inciso I, do Código Civil).

Além de ter plena capacidade para prática dos atos da vida civil, a parte contratante também deve estar legitimada à celebração do contrato. A título ilustrativo, ainda que sejam plenamente capazes, os tutores, curadores, testamenteiros e administradores não podem comprar, ainda que em hasta pública, sob pena de nulidade, os bens confiados à sua guarda ou administração (artigo 497, inciso I, do Código Civil), o mesmo ocorrendo com os leiloeiros e seus prepostos, que não podem comprar os bens de cuja venda estejam encarregados (inciso IV desse mesmo dispositivo legal). Também não pode o doador transferir gratuitamente todos os seus bens, sem reservar para si parte do patrimônio ou renda suficiente para a sua própria subsistência (artigo 548 do Código Civil).

Quanto ao objeto do contrato, deve ser lícito e possível. Mister se faz examinar se existe a possibilidade tanto jurídica como física do objeto. Quando existe impossibilidade jurídica, o objeto é considerado ilícito, por contrariar a vontade da lei, e acarreta a nulidade do contrato; por exemplo, nas hipóteses de compra e venda de coisa roubada e de cessão de herança de pessoa viva (artigo 426 do Código Civil), entre outras.

Por outro lado, quando existe impossibilidade física, o objeto não contraria a vontade da lei, mas, sim, a natureza das coisas ou a realidade material dos fatos, como se verifica, por exemplo, nas hipóteses de venda de terreno localizado no mar e de venda de produto que não chegou a ser fabricado, entre outros casos em que o objeto do contrato seja impossível de realizar-se, física e materialmente.

O objeto do contrato também deve ser determinado ou, ao menos, determinável em algum momento do negócio. Quando existe indeterminação do objeto, resta inexequível a obrigação, como ocorre, por exemplo, na venda de um apartamento, sem especificar a unidade, a localização ou o cartório e número de registro, e na venda de um automóvel, sem descrição de marca, modelo, ano e chassis.

Admite-se, porém, a indeterminação temporária do objeto; por exemplo, na venda de coisa incerta, "indicada, ao menos, pelo gênero e pela quantidade" (artigo 243 do Código Civil), e na contratação de obrigações alternativas (artigo 252 do mesmo Diploma legal), nas quais a indeterminação dos objetos cessa com a escolha e especificação no momento oportuno.

Portanto, e conforme o disposto no artigo 166, inciso II, do Código Civil, é nulo o negócio jurídico ou o contrato, quando for ilícito, impossível ou indeterminável o seu objeto.

2.2. Elementos funcionais do contrato

Além das partes (capazes e legitimadas) e do objeto (lícito, possível e determinado), o contrato também deve conter um propósito, uma finalidade.

Entendendo serem essenciais também o que denomina de funções contratuais, ressalta Carlos Ferreira de Almeida[9] que, "Se duas pessoas concordassem, sem outras referências, celebrar um contrato a respeito de determinado objeto (imóvel, mercadoria, crédito, direito de autor, etc.), ficaria por saber que efeito resulta do contrato (por exemplo, se transfere a propriedade, se confere ou extingue um outro direito ou se vincula uma das partes a uma prestação). Se o acordo mencionasse mais do que um objeto, sem nada acrescentar, subsistiria a indeterminação acerca do modo como se relacionam os direitos relativos a esses objetos (por exemplo, se um em troca do outro ou ambos numa ação comum). Por isso, o conteúdo contratual inclui ainda e necessariamente elementos funcionais".

Prossegue o Professor: "Funções contratuais serão assim os elementos do conteúdo com aptidão para se relacionarem com cada um dos outros elementos" (partes contratantes e objeto) "e para os relacionarem entre si, indicando a natureza e a finalidade dos efeitos que o contrato desencadeia. A sua expressão gramatical, quando explícita, efetua-se geralmente através de verbos performativos, tais como obrigar-se, transmitir, extinguir, vender, arrendar, doar ou garantir, que marcam a força ilocutória do ato".[10]

Elucida, ainda, que esse conjunto funcional "indica, no mínimo, a modalidade dos efeitos jurídicos produzidos (criativos ou extintivos; obrigacionais, reais ou outros), mas, na generalidade dos contratos. indica também a modalidade do fim social (troca, liberalidade ou outra). Deve, pois, para fins analíticos, ser desdobrado em dois subconjuntos: a função jurídica ou função eficiente, por um lado, e a função metajurídica ou função econômico-social, por outro lado".[11]

A função eficiente abrange os efeitos jurídicos produzidos pelo contrato (por exemplo, criação ou extinção de direitos pessoais ou reais; transmissão de posse ou de propriedade; criação ou extinção de obrigações etc.). A função econômico-social abrange os chamados efeitos metajurídicos (por exemplo, a troca, nos contratos de compra e venda, empreitada e locação; a liberalidade, nos contratos de doação;

---

[9] Contratos, vol. II, Ed. Almedina, Coimbra, 4ª ed., 2016, p. 95.
[10] Contratos, vol. II, cit., pp. 95 e 96.
[11] Contratos, vol. II, cit., p. 96.

a cooperação, nos contratos de sociedade; o risco, nos contratos de seguro).[12]

2.3. A causa nos contratos

Causa é o fundamento objetivo que justifica ter sido, de um lado, contraída determinada obrigação e, de outro lado, assumida a contrapartida que lhe é correspondente, no negócio realizado. É a justificativa da prestação frente à sua contraprestação, ou seja, a obrigação de uma das partes é o fundamento da obrigação da outra.

Portanto, a causa é o que justifica o deslocamento patrimonial de um contratante para outro e, por isso, denomina-se causa de atribuição patrimonial.

Como assenta Antônio Junqueira de Azevedo,[13] as mais importantes causas de atribuição patrimonial são: "a *causa credendi*, a *causa solvendi* e a *causa donandi*. Em princípio, sempre que há um deslocamento patrimonial de A para B, deve-se procurar a causa, que justifica essa atribuição. Na maioria das vezes, essa justificação será: B tornou-se credor de A, porque A, por seu lado, quis se tornar credor de B (*causa credendi*, na compra e venda, por exemplo); B recebeu algo, porque já era credor de A e A está pagando (*causa solvendi*, na dação em pagamento, por exemplo); B tornou-se credor porque A quis doar (*causa donandi*, na doação, por exemplo)".

Embora a causa não seja considerada elemento essencial e constitutivo do negócio jurídico e do contrato, em nosso ordenamento jurídico, ela tem bastante relevância na formação e execução dos contratos bilaterais, em que são estipuladas prestação e contraprestação correspondente, que devem ter relativa equivalência de valor para que exista equilíbrio na relação contratual, sem sacrifício econômico ou financeiro excessivo e injusto de uma das partes contratantes ou enriquecimento injustificado da outra.

Augusto Pino esclarece que o fundamento técnico da resolução e da redução *ad aequitatem* deve ser considerado ligado à causa do contrato.

---

[12] Contratos, vol. II, cit., p. 102.

[13] Negócio Jurídico e Declaração Negocial – Noções gerais e formação da declaração negocial, Tese para Concurso de Professor Titular, apresentada na Faculdade de Direito da Universidade de São Paulo, 1986, pp. 124 e 125; citando Enneccerus-Nipperdey, §148, I, 4, p. 106.

A doutrina que sustenta essa tese, fiel à concepção de que a causa do contrato é a função econômica e social que ele próprio deve resolver, tem observado que a causa pode faltar, no todo ou em parte, desde a origem ou mais adiante, durante sua realização. O defeito parcial de causa, tanto genético como funcional, é possível porque a lei acolhe como princípio geral dos contratos, com exceção dos aleatórios, o da adequação do sacrifício patrimonial de um contratante em relação ao sacrifício do outro ou às previsões de valoração da consciência social. Quando essa adequação falta, por razões e formas previstas em lei, a causa está viciada e a onerosidade excessiva seria precisamente um vício funcional da causa.[14]

Acrescenta que, para evitar possíveis observações ou críticas, é oportuno lembrar que essa doutrina, ao falar de adequação patrimonial, não se refere à equivalência absoluta, pois considera como interesse "o valor relativo que um determinado bem tem para um determinado sujeito", sendo possível, consequentemente, "uma graduação dos interesses de mais sujeitos"; e quando se fala em sacrifício patrimonial, não se refere à idéia de sacrifício subjetivamente considerado, mas ao empobrecimento patrimonial, valorado economicamente em relação ao enriquecimento correspondente.[15]

Ainda nessa obra, e em nota comparativa ao Direito espanhol, observa Federico de Mallol que é possível levantar, nesse ordenamento jurídico, o problema do fundamento técnico dos princípios resolutórios e de revisão, invocados pela jurisprudência e pela doutrina, em função da causa. Se for comprovado que o equilíbrio entre as prestações está, em algum momento, ligado à causa do contrato, será possível admitir que uma modificação da causa, ou seja, de um dos requisitos essenciais, autoriza a revisão da relação contratual. De acordo com uma parte da doutrina, a falta de causa, especialmente nos contratos de trato sucessivo, pode ser originária ou superveniente, de modo que teria consequências

---

[14] La Excesiva Onerosidad de la Prestacion, Tradução e notas comparativas ao Direito Espanhol por Federico de Mallol, Ed. Bosch, Barcelona, 1959, pp. 165 e 166; citando SANTORO-PASSARELI, Istituzioni di Diritto Civile, Napoles, 1945, p. 188; REDENTI, La causa del contratto secondo il nostro codice, in Studi in onore di A. Cicu, Milão, 1952, II, p. 311; CARIOTA-FERRARA, Il negozio giuridico nel Diritto Privato italiano, Napoles, 1948, p. 598.
[15] La Excesiva Onerosidad de la Prestacion, cit., p. 166; citando SANTORO-PASSARELI, Istituzioni di Diritto Civile, cit., p. 45.

resolutórias sua cessação durante a vigência do contrato: *cesante causa, rescinditur contractus*, e assim se tem chegado à conclusão de que a vigência do contrato, nessa situação, determinaria um enriquecimento injusto *sine causa*. Tem-se dito, inspirando-se na doutrina italiana, que, nos casos em que pode ser invocada a cláusula *rebus sic stantibus*, o negócio jurídico pode ser atacado porque sua causa se frustra. Afirma-se que, nos contratos de trato sucessivo que tem *dependentiam de futuro*, as partes somente deram seu consentimento enquanto permanecera a base de fato que motivou o contrato, mas não se estivesse profundamente alterada.[16]

Reconhecendo a relevância da causa de atribuição patrimonial, o Código Civil espanhol a inclui no rol dos requisitos essenciais de validade dos contratos, conforme dispõe seu artigo 1.261, segundo o qual, não existe contrato senão quando concorrem os seguintes requisitos: consentimento dos contratantes, objeto determinado de que cuida o contrato e causa da obrigação que se estabeleça.

E mais adiante, o mesmo Código trata especificamente da causa dos contratos, em mais três dispositivos legais, nos seguintes termos:

> Nos contratos onerosos, entende-se por causa, para cada parte contratante, a prestação ou promessa de uma coisa ou serviço pela outra parte; nos remuneratórios, o serviço ou benefício que se remunera; e nos de pura beneficência, a mera liberalidade do benfeitor (artigo 1.274).

> Os contratos sem causa, ou com causa ilícita, não produzem efeito algum. É ilícita a causa quando se opõe às leis ou à moral (artigo 1.275).

> Ainda que a causa não esteja expressa no contrato, presume-se que exista e que seja lícita, desde que o devedor não prove o contrário (artigo 1.277).

Assim, resta claro, no Código Civil espanhol, que a ausência de causa ou a sua ilicitude gera a nulidade ou até a inexistência do contrato ou do negócio jurídico, e por isso, naquele ordenamento jurídico, a causa é tratada separadamente também como requisito essencial de validade dos contratos.

---

[16] Augusto Pino, La Excesiva Onerosidad de la Prestacion, cit., p. 166.

Entretanto, parte da Doutrina[17] entende que não há utilidade em considerar a causa como elemento distinto dos negócios jurídicos e dos contratos, porque, segundo ela, a causa identifica-se com a vontade dos contratantes ou com o objeto do contrato.

Discordando desse entendimento, elucida Roberto de Ruggiero[18] que "É unitário todo o conceito de causa, não obstante os seus aspectos diversos relativos aos vários tipos de negócios. Tal conceito é dado pela função que com ela se desempenha e a função não pode deixar de ser diversa de negócio para negócio, dada a diversidade do fim prático a que cada um deles tende. O ter-se recebido a coisa à guarda ou para uso durante um certo tempo, no depósito e no comodato; a troca da coisa pelo preço, na venda; a troca de duas coisas na permuta; o gozo da coisa ou de um trabalho mediante a renda, na locação, ou a paga, no contrato de trabalho; o intuito de beneficiar, na doação etc., são os fins práticos e específicos, as causas que justificam, para um ou outro, uma aquisição ou uma perda; a sua variedade não destrói a unidade dada pelo conceito da função".

E prossegue ressaltando que a causa não se confunde "com o objeto ou com o consenso: a causa, no contrato bilateral, é a relação entre as duas prestações, a troca de um valor por outro ou, mais sinteticamente, a própria bilateralidade e não qualquer das simples prestações consideradas em si; a causa nos unilaterais é a prévia prestação recebida ou o fim a que a prestação tende e não a própria prestação; a causa nos contratos gratuitos é o espírito de beneficiar alguém, que justifica uma atribuição patrimonial sem contrapartida, e este espírito de liberalidade, este *animus donandi*, assim como não se confunde com os motivos individuais (doa--se para remunerar um serviço, para se cativar o ânimo do donatário, por mera ostentação), também não se confunde nem se identifica com o consenso, de que é independente e distinto e, tanto, que pode existir o consenso e faltar ou ser ilícita a causa da liberalidade".[19]

---

[17] Laurent, Planiol, Baudry-Lacantinerie, Giorgi, Melucci, citados por Roberto de Ruggiero, Instituições de Direito Civil, vol. 1, trad. da 6ª ed. italiana por Paolo Capitanio, Ed. Bookseller, Campinas, 1ª ed., 1999, p. 363.
[18] Instituições de Direito Civil, vol. 1, cit., p. 364.
[19] Instituições de Direito Civil, vol. 1, cit., pp. 364 e 365.

Exemplifica o jurista italiano que, na compra e venda, a causa da obrigação do vendedor de dar a coisa é a obrigação recíproca do comprador de pagar o preço e vice-versa, ou seja, "a causa é para o vendedor o preço, e para o comprador a coisa"; "no mútuo a causa da restituição pelo mutuário é a entrega precedente da soma etc.".[20]

Portanto, independentemente de ser, ou não, considerada elemento essencial e constitutivo dos negócios jurídicos e dos contratos, a causa realiza uma função econômica e social durante toda a existência da relação jurídica contratual e, por isso, pode ser considerada um "elemento funcional" do contrato.

Mesmo porque, segundo Carlos Ferreira de Almeida, existe certa "correspondência, ainda que parcial e implícita", entre "as funções estruturais do contrato e as diferentes concepções sobre a causa". "A função eficiente (ou função jurídica), enquanto elemento do conteúdo do contrato que indica a modalidade dos seus efeitos jurídicos, coincide com uma das concepções de causa eficiente"; e a "função econômico-social (ou função metajurídica), enquanto elemento do conteúdo do contrato que indica a sua finalidade social, coincide com uma das concepções de causa final".[21]

E apontando a relevância da causa, "entendida como função econômico-social do negócio", ressalta que todos os negócios jurídicos dependem "da inserção no seu conteúdo de uma causa-função, que há de ser socialmente reconhecida para que o negócio seja válido. Esta tese decorre da *communis opinio* dos acadêmicos, que se prolonga na verificação prática de recusa pela comunidade jurídico-profissional em permitir que a atribuição de direitos absolutos se efetue pela simples declaração ou pelo acordo de transmissão sem indicação da respectiva causa, no sentido de uma função, implícita num tipo legal ou social ou explícita numa finalidade socialmente aceitável. Apesar de a lei civil admitir, sem outra especificação, que a propriedade, o usufruto ou o direito de superfície se transmitem por contrato (artigos 1316º, 1440º, 1528º),[22] ninguém acredita que um notário celebre uma escritura pública, e ninguém confia na validade de um contrato celebrado por documento particular, em que os contraentes se limitem a acordar a transmissão do direito sobre um

---

[20] Instituições de Direito Civil, vol. 1, cit., p. 365.
[21] Contratos, vol. II, cit., p. 99.
[22] Código Civil português.

imóvel sem menção complementar acerca da causa ou do título por que o fazem (compra e venda, doação, sociedade, dação em cumprimento ou outro contrato translativo típico ou alguma justificação atípica mas devidamente explicada)".[23]

Embora a causa e o sinalagma tenham características parecidas, são institutos jurídicos distintos. A causa é o fundamento, o porquê, de ter sido estipulada a obrigação, o qual exerce importante papel na manifestação da vontade para realização do negócio e celebração do contrato. A parte assume a obrigação de entrega de um objeto porque haverá recebimento do seu preço; obriga-se à realização de um serviço porque haverá recebimento de uma remuneração correspondente; compromete-se à entrega de um objeto ou de uma soma em dinheiro porque pretende apenas fazer uma liberalidade e beneficiar o destinatário. A causa faz-se presente tanto nos contratos bilaterais, como nos contratos unilaterais.

Na causa existe uma reciprocidade, mas com o sentido de correlatividade das obrigações contratadas. No sinalagma a reciprocidade é quantitativa, representa a equivalência valorativa entre prestação e contraprestação, ainda que essa equivalência seja relativa, e, por isso, faz-se presente somente nos contratos bilaterais, em que são estipuladas obrigações para ambas as partes contratantes.[24]

2.4. Conceito e força obrigatória do contrato

Analisando o conceito de contrato, explica Álvaro Villaça Azevedo[25] que "o negócio jurídico é a manifestação de vontade tendente à criação, modificação ou extinção de uma relação jurídica" que é um "complexo de direitos e de obrigações" e, portanto, não se deve falar em "criação, modificação ou extinção de direitos ou de deveres, ou, ainda, de obrigações, isoladamente, sob pena de esquecer-se do princípio romano", segundo o qual "*ius et obligatio sunt correlata* – o direito e a obrigação são correlatos".

Continua, referindo-se ao conceito de contrato constante do artigo 1.321 do Código Civil italiano, de 1942, pelo qual o contrato é "o acordo

---

[23] Contratos, vol. II, cit., pp. 104 e 105.
[24] O sinalagma será analisado mais detalhadamente, no item 2.5.2, adiante.
[25] Curso de Direito Civil, vol. III, Teoria Geral dos Contratos, Ed. Saraiva Jur, São Paulo, 4ª ed., 2019, p. 24.

de duas ou mais partes para constituir, regular ou extinguir, entre si, uma relação jurídica patrimonial".

E conclui esboçando um conceito de contrato, "como a manifestação de duas ou mais vontades, objetivando criar, regulamentar, alterar e extinguir uma relação jurídica (direitos e obrigações) de caráter patrimonial".

Esses conceitos mostram bem a posição contratual de manifestação de vontade das partes, regulamentando no contrato os seus interesses. Fica evidenciada, também, a participação volitiva das partes que justifica a aplicação do princípio de que os pactos formam, realmente, verdadeira lei entre as partes.

De lembrar-se, nesse passo, o artigo 1.103 do Código Civil francês, segundo o qual os contratos legalmente formados têm o caráter de lei entre os que os fizeram.[26] Preceito semelhante encontra-se no artigo 928 de nosso Código Civil de 1916, sem correspondente no Código de 2002.

Trata-se do princípio *pacta sunt servanda*, que decorre da autonomia privada, em que as partes são livres para contratar, discutindo seus próprios interesses nas cláusulas e condições que elaboram.

Todavia, esse princípio vem sofrendo limitações, ante a necessidade de o Estado intervir na ordem econômica e social para proteger o contratante mais fraco, pois este nem sempre, premido pelas circunstâncias, tem a possibilidade de discutir livremente os interesses contratados.

A esse respeito, acentua Álvaro Villaça Azevedo[27] que, "Se é verdade que todos devem ser livres para contratar, realizar o contrato em si, o mesmo não ocorre com a liberdade contratual, considerada como a possibilidade de livre disposição de seus interesses pelas partes. Essas devem, sem restrições, regular esses interesses, clausulando-os, sem colisão de direitos. O direito de um contratante vai até onde se inicia o direito do outro. Na liberdade contratual, os interesses humanos existem, teoricamente, em pé de igualdade, pois o mais forte, economicamente, no mais das vezes, reduz, na avença, a área de atuação do direito do mais fraco, que fica desprotegido, juridicamente, no momento em que o contrato

---

[26] Article 1103: *Les contrats légalement formés tiennent lieu de loi à ceux qui les ont faits*; alterado pela Portaria nº 2016-131, de 10 de fevereiro de 2016, que reformou o direito contratual, o regime geral e a prova de obrigações e deu nova redação ao Livro III e seu Título III – Fontes de Obrigações.
[27] Curso de Direito Civil, vol. III, cit., p. 26.

surge, bem como nas revisões dessa contratação. Realizado o pacto, sob essa pressão, a lesão ocorre, e é difícil e custosa a reparação, para repor certos valores destruídos".

Com a mesma propriedade, referindo-se ao dirigismo contratual que veio a limitar o princípio da autonomia da vontade, Miguel Maria de Serpa Lopes[28] pondera que não se pode "considerar-se livremente celebrado um contrato concluído entre contratantes num desnível de posições. As desigualdades econômicas agravaram-se; a concepção de um indivíduo, senhor dos seus próprios interesses nos contratos em que aparentava convencionar livremente, se patenteou falsa, em face das seguintes razões: 1º) porque o indivíduo é por vezes desarrazoado; 2º) porque frequentemente não se encontra em situação de poder prever um futuro cada vez mais aleatório do que o era no século passado; 3º) porque contrata frequentemente sob o império da necessidade, tendo ante ele um co-contratante cuja força econômica é ante a dele, incomensurável".

Houve, pois, a necessidade de o Estado intervir nas relações jurídicas contratuais, proibindo a inserção de determinadas cláusulas consideradas abusivas e impondo a presença de outras cláusulas contendo deveres considerados implícitos em todos os contratos, independentemente de estipulação expressa dos contratantes. Isso para evitar o desequilíbrio contratual.

O princípio da força obrigatória dos contratos não pode ser aplicado de forma inflexível, principalmente levando-se em consideração a ocorrência de aumento demasiado dos riscos mercadológicos e dos negócios em geral, proveniente do complexo sistema macroeconômico mundial e também da centralização cada vez maior do poder econômico.

De fato, problemas locais do oriente derrubam bolsas de valores e mercados do ocidente e vice-versa; questões políticas externas ou internas geram repentinos e acentuados aumentos de taxas de juros e de câmbio, de índices de correção monetária etc.; o poder econômico proporciona posições contratuais predominantes e a imposição de regras e condições contratuais mais rigorosas e desfavoráveis a quem a elas se submete, por necessidade ou por falta de opção mercadológica; entre outros exemplos.

---

[28] Curso de Direito Civil, vol. III, Fontes das Obrigações: Contratos, Ed. Freitas Bastos, Rio de Janeiro, 6ª ed. revista e atualizada pelo Prof. José Serpa Santa Maria, 1996, p. 34.

O princípio *pacta sunt servanda* deve coexistir em harmonia com outros princípios de direito contratual, de maneira que se evitem abusos e injustiças, e que uma das partes contratantes se aproveite de situações que atinjam o contrato em curso de execução e que lhe propicie vantagens exageradas.

O respeito incondicional a esse princípio e a inalterabilidade inflexível do contrato acabam dando ensejo a situações de extrema injustiça, com eventual imposição de cumprimento de um contrato que passou a apresentar desequilíbrio excessivo entre as prestações nele estipuladas.

Como se verá adiante, o princípio *pacta sunt servanda* sofre limitação no tocante à inalterabilidade das cláusulas e condições do contrato, que, por isso, deve ser cumprido, mas de forma equilibrada e justa, não podendo servir de instrumento para o enriquecimento indevido de um dos contratantes em detrimento da ruína financeira do outro.

Por outro lado, o contrato deve ser visto não como uma relação jurídica estática, um ato único, mas como um complexo de atos com fases distintas.

Como ressalta Cláudia Lima Marques,[29] o contrato deve ser visualizado como uma relação jurídica dinâmica, um "processo" que se desenvolve no tempo, um processo social, um processo jurídico, que erradia uma série de efeitos jurídicos, antes mesmo de sua realização, durante e após a sua eficácia.

No mesmo sentido, explica Antonio Junqueira de Azevedo[30] que "o contrato é um processo (uma sucessão de '*tempos*', como ocorre com o próprio negócio jurídico), que vai, desde a fase pré-contratual, passando à fase contratual, distribuída em três fases menores (conclusão do contrato, eficácia do contrato e execução/adimplemento do contrato), e indo até a fase pós-contratual, todas subordinadas à boa-fé objetiva".

---

[29] Contratos no Código de Defesa do Consumidor, Ed. Revista dos Tribunais, São Paulo, 8ª ed., 2016, p. 223, citando ensinamento de Karl Larenz.

[30] Responsabilidade Pré-Contratual no Código de Defesa do Consumidor: Estudo Comparativo com a Responsabilidade Pré-Contratual no Direito Comum, *in* Revista da Faculdade de Direito da Universidade de São Paulo, vol. 90, 1995, pp. 121 a 132, especialmente pp. 123 e 124.

Interessa, pois, ao presente trabalho a fase contratual, imediatamente posterior à formação do contrato, que compreende o período de sua eficácia e de cumprimento das obrigações pactuadas.

Como se busca estabelecer um mecanismo de tutela das partes contratantes, para as hipóteses de fato superveniente que provoca a alteração das circunstâncias iniciais e do equilíbrio patrimonial entre as prestações, interessam, também, ao presente estudo os contratos que podem sofrer modificação em sua estrutura econômica, após a sua celebração, e cujo período de eficácia tem uma continuidade razoável.

Assim, entre as várias categorias e espécies de contratos, são abrangidos pelo tema desenvolvido no presente trabalho os contratos de execução continuada, periódica ou diferida, os contratos bilaterais ou sinalagmáticos e unilaterais, os contratos onerosos, os contratos comutativos, os aleatórios e também os contratos preliminares.

2.5. Espécies de contratos[31]

Existem várias categorias e espécies de contratos, entre as quais destacam-se as que tem caráter oneroso, grau de risco e cumprimento estendido no tempo, que são passíveis de eventual revisão judicial ou resolução, no caso de onerosidade excessiva superveniente que provoque acentuado desequilíbrio entre as prestações neles pactuadas.

2.5.1. Contrato de execução continuada, periódica ou diferida

Nesse contrato, são estipuladas obrigações a serem cumpridas em parcelas periódicas contínuas, ou o seu cumprimento é protelado para ocorrer em data futura estipulada pelas partes contratantes. Exemplos: compra e venda de um objeto com pagamento a prazo, em prestações mensais contínuas; fornecimento periódico de insumos ou de mercadorias; prestação contínua de serviços; compra e venda de um objeto cuja entrega ou pagamento do preço é protelado para um momento posterior.

Essa espécie difere do contrato de execução instantânea, em que as obrigações são cumpridas prontamente, sem necessidade de adimplemento posterior, como ocorre na compra e venda de um objeto com pagamento à vista, sendo o objeto entregue ao comprador que, no mesmo

---

[31] Espécies que interessam ao estudo desenvolvido neste trabalho.

ato, paga o preço estipulado. Com o adimplemento integral de ambas as partes, extingue-se o contrato.

É o contrato de execução continuada, periódica ou diferida que fica suscetível a fatos supervenientes que alterem a sua estrutura econômica e acarretem onerosidade excessiva e forte desequilíbrio entre as prestações das partes contratantes, e nesse caso, poderá ser objeto de revisão para restauração do seu equilíbrio, ou será resolvido se esta tornar-se impossível ou inviável.

2.5.2. Contrato unilateral e contrato bilateral ou sinalagmático

O contrato unilateral gera obrigação somente para uma das partes contratantes. A título ilustrativo, nos contratos de comodato e de mútuo, uma vez entregue o objeto ou o numerário emprestado, somente o comodatário e o mutuário assumem obrigação. O comodatário deve restituir o objeto emprestado, no prazo estipulado ou quando o comodante o solicitar, e o mutuário deve restituir a soma em dinheiro ao mutuante.

Quando é oneroso, como, por exemplo, o mútuo feneratício ou "com juros", o contrato unilateral pode ser objeto de eventual revisão, "a fim de evitar a onerosidade excessiva". Surgindo essa necessidade, o contratante a quem unicamente coube a obrigação pode "pleitear que a sua prestação seja reduzida, ou alterado o modo de executá-la", conforme prevê o artigo 480 do nosso Código Civil.[32]

De outro lado, o contrato bilateral gera obrigações para ambas as partes contratantes, como, por exemplo, o contrato de compra e venda, em que o vendedor tem a obrigação de entregar o objeto vendido e o comprador tem a obrigação de pagar o preço desse objeto por ele comprado, e o contrato de locação, em que o locador tem a obrigação de ceder a posse e o uso de um objeto e o locatário tem a obrigação de pagar o aluguel referente a esse uso do objeto por ele recebido em locação.

O contrato bilateral também é chamado de sinalagmático, porque nele existem obrigações recíprocas, correlatas e interdependentes entre as partes contratantes.

Sinalagma é a relação de reciprocidade entre prestação e contraprestação; é o vínculo de dependência recíproca entre as obrigações, nessa

---

[32] Inserido no capítulo e seção que tratam da extinção do contrato e da resolução por onerosidade excessiva.

espécie contratual. Essa reciprocidade é quantitativa, representa a equivalência valorativa entre prestação e contraprestação.

O sinalagma deve existir no momento da formação e celebração do contrato bilateral e também durante toda a sua existência, especialmente na fase de cumprimento das obrigações nele estipuladas. A Doutrina distingue o *sinalagma genético*, que é originário, existente no momento da formação do contrato, do *sinalagma funcional*, que se mostra em momento subsequente, é contínuo e se estende no tempo de duração do contrato, assenta-se "na conexão que se estabelece entre as obrigações na sua coexistência no tempo".[33]

Cuidando desse tema, elucida Mário Júlio de Almeida Costa que, "nos contratos bilaterais ou sinalagmáticos as obrigações das partes se encontram numa relação de correspectividade e interdependência. Existe entre elas um nexo ou sinalagma, significando que a obrigação de cada uma das partes constitui a razão de ser da outra. Quando esse nexo se refere ao momento da celebração do contrato, quer dizer, só surge a obrigação de um dos contraentes se surgir a do outro, fala-se de *sinalagma genético*". "Trata-se, porém, de *sinalagma funcional*, se a reciprocidade ou contrapartida das prestações se manifesta e releva durante a vida do contrato, designadamente quanto à simultaneidade do cumprimento, ou seja, a execução por uma das partes encontra-se condicionada à execução pela outra".[34]

Havendo rompimento do sinalagma, por fato superveniente que provoque onerosidade excessiva a um dos contratantes, será necessária a revisão e modificação do contrato para restabelecer a equivalência entre as prestações, ainda que aproximada, e se essa modificação não for possível, haverá a resolução do contrato.

2.5.3. Contrato oneroso

No contrato oneroso, existe uma compensação de proveitos ou benefícios; o proveito recebido por uma das partes contratantes é compensado por um benefício que é por ela dado à outra parte contratante. Portanto,

---

[33] José de Oliveira Ascensão, Direito Civil, Teoria Geral, vol. 3, Relações e Situações Jurídicas, Ed. Saraiva, São Paulo, 2ª ed., 2010, p. 255. Ver, ainda, Miguel Maria de Serpa Lopes, Curso de Direito Civil, vol. III, cit., p.52.
[34] Direito das Obrigações, Ed. Almedina, Coimbra, 12ª ed., 2009, 5ª reimpressão, 2018, p. 361.

ambas as partes obtêm proveitos, que são compensados por desvantagens ou ônus estipulados em retribuição.[35]

Na locação, por exemplo, o locador cede o uso de um objeto seu ao locatário, mas, em compensação, obtém um proveito que é o recebimento do aluguel; o locatário recebe o benefício (uso do objeto), que é compensado pelo pagamento do aluguel (retribuição).

Se essa retribuição tornar-se excessivamente onerosa para uma das partes, em razão de fato superveniente, proceder-se-á à revisão ou resolução do contrato.

2.5.4. Contrato comutativo e contrato aleatório

O contrato bilateral e oneroso subdivide-se em comutativo e aleatório. Como ensina Caio Mário da Silva Pereira, "São *comutativos* os contratos em que as prestações de ambas as partes são de antemão conhecidas, e guardam entre si uma relativa equivalência de valores. Não se exige a igualdade rigorosa destes, porque os bens que são objeto dos contratos não têm valoração precisa. Podendo ser, portanto, estimadas desde a origem, os contratantes estipulam a avença, e fixam prestações que aproximadamente se correspondem".[36]

Também ressalta Darcy Bessone que a "equivalência das prestações, segundo o cálculo das partes, é a base do contrato comutativo. Se acontecimentos novos a alteram, além dos limites da previsão do contratante médio, o contrato se transforma em instrumento de aniquilamento de um dos contratantes, em proveito do outro. Foge, assim, à sua própria finalidade e contraria os princípios da equidade".[37]

Portanto, no contrato comutativo, desde a sua formação, as partes contratantes têm conhecimento do que vai ingressar em seu patrimônio e do que dele vai sair em razão do negócio realizado; as prestações são certas e determinadas, bem como existe equivalência entre elas, ainda que aproximada. Se essa equivalência é abalada por fato superveniente que provoca desproporção e desequilíbrio entre as prestações, justifica--se a revisão judicial do contrato para restabelecer tal equivalência, e se

---

[35] Diferentemente do contrato gratuito, em que um dos contratantes tem somente ônus e o outro tem apenas proveito, não havendo qualquer compensação.
[36] Instituições de Direito Civil, vol. III, cit., p. 68.
[37] Do Contrato – Teoria Geral, cit., p. 223.

isso não for possível e também não houver renegociação das partes, o contrato é resolvido.

Por outro lado, continua Caio Mário da Silva Pereira: "São *aleatórios* os contratos em que a prestação de uma das partes não é precisamente conhecida e suscetível de estimativa prévia, inexistindo equivalência com a da outra parte. Além disso, ficam dependentes de um acontecimento *incerto*". E conclui: "Se é certo que em todo contrato há um *risco*, pode-se, contudo, dizer que no contrato aleatório este é da sua essência, pois que o ganho ou a perda consequente está na dependência de um acontecimento *incerto* para ambos os contratantes. O *risco* de perder ou de ganhar pode ser de um ou de ambos; mas a *incerteza* do evento tem de ser dos contratantes, sob pena de não subsistir a obrigação".[38]

São aleatórios os contratos de jogo, de aposta e de seguro, nos quais as perdas não são recuperadas e valores pagos não são reembolsáveis. De fato, não há devolução ou restituição de valores entregues em estabelecimentos de aposta e de loteria, por conta do contrato, e pagos para cobertura de riscos e de eventuais sinistros. A compra e venda, embora seja tipicamente contrato comutativo, pode ser celebrada com natureza de contrato aleatório, como ocorre na compra e venda de coisa futura, prevista nos artigos 458 e 459 do Código Civil.

Nesse contrato, um dos contratantes assume o risco de o objeto vendido não vir a existir e, mesmo assim, ter que cumprir a sua obrigação, ou seja, o comprador efetuar o pagamento do preço estipulado sem receber o objeto ou o vendedor adquirir de um terceiro o objeto para entregá-lo ao comprador (*emptio spei* ou "venda de esperança" – artigo 458); ou, ainda, o comprador assume o risco de o objeto vendido vir em qualquer quantidade e, portanto, deve efetuar o pagamento do preço contratado mesmo se receber o objeto em quantidade inferior à esperada, sendo necessário apenas que o objeto venha a existir no futuro, na quantidade que vier (*emptio rei speratae* ou "venda de coisa esperada" – artigo 459).[39]

---

[38] Instituições de Direito Civil, vol. III, cit., pp. 68 e 69.
[39] Exemplo de "venda de esperança": compra e venda de safra de produto agrícola cuja colheita será realizada somente após dois anos da celebração do contrato (objeto ainda não existe); exemplo de "venda de coisa esperada": compra e venda de produto agrícola em vias de ser produzido, apenas aguardando o tempo certo da colheita (o objeto já existe e só não se sabe a quantidade que será produzida).

Todo contrato apresenta um grau de risco, conforme o negócio realizado pelas partes. Como o risco abrange acontecimentos que são possíveis e podem ser esperados, quanto maior o risco assumido ou aceito pelos contratantes ou por um deles, menor será a probabilidade de êxito em eventual pedido de revisão do contrato, no caso de onerosidade excessiva superveniente que seja relacionada ao risco do negócio.

Embora os contratos aleatórios apresentem maior grau de risco que os contratos comutativos, alguns autores entendem ser possível a sua revisão, eventualmente, se o desequilíbrio superveniente entre as prestações dos contratantes ultrapassar os limites do que razoavelmente pode ser esperado pelas partes, considerando-se os riscos próprios do contrato aleatório celebrado.

Entre outros, Silmara Chinellato admite a possibilidade de revisão do contrato aleatório, desde que a álea contratual não seja da própria essência do negócio realizado.[40]

Darcy Bessone, tratando da teoria da imprevisão, argumenta que ela deve ser aplicada também aos contratos aleatórios, "porque, se repousa sobre a imprevisibilidade, as áleas e a especulação se comportam, igualmente, dentro de certos limites de previsão, além dos quais as partes nada percebem, desde que as variações não podem ser concebidas como infinitas. A questão, então, seria de fixação desses limites em tais contratos".[41]

César Fiuza, cuidando da cláusula revisionista *rebus sic stantibus*, entende que a sua aplicação aos contratos aleatórios "é absolutamente razoável, uma vez que se modifiquem as circunstâncias externas, propiciando injusto desequilíbrio entre as prestações das partes, por fato alheio à sua vontade". E como "os riscos do imprevisível têm limites", "dependendo das circunstâncias, será possível, por princípio de equidade, a aplicação da norma contida na cláusula revisionista, se as consequências

---

[40] Le juge et la révision du contrat en droit brésilien, *in* Regards franco-brésiliens sur l'évolution du droit des obligations. Le juge et le contrat. L'objectivisation de la responsabilité civile, Coordenador Olivier Gout, Ed. Verlag Éditeurs, Balti, 2017, pp. 160 a 172, especialmente p. 167. A respeito do tema, destaca-se a orientação contida no Enunciado 440 aprovado na V Jornada de Direito Civil realizada pelo Centro de Estudos Judiciários (CEJ) do Conselho da Justiça Federal (CJF): "É possível a revisão ou resolução por excessiva onerosidade em contratos aleatórios, desde que o evento superveniente, extraordinário e imprevisível não se relacione com a álea assumida no contrato".
[41] Do Contrato – Teoria Geral, cit., pp. 223 e 224.

de o risco assumido ultrapassarem os lindes do razoavelmente aceitável, conduzindo a relação contratual a desequilíbrio insensato e injusto".[42]

Mário Júlio de Almeida Costa, referindo-se ao artigo 437 do Código Civil português, que autoriza a resolução ou modificação do contrato no caso de grave desequilíbrio causado por alteração das circunstâncias negociais que "não esteja coberta pelos riscos próprios do contrato", pondera que "não parece contrariar a lei a aceitação de uma fórmula que admita poderem os contratos aleatórios 'ser resolvidos ou modificados quando a alteração das circunstâncias exceder apreciavelmente todas as flutuações previsíveis na data do contrato'."[43]

Também José de Oliveira Ascensão aponta que, em princípio, os negócios aleatórios não são alcançados pela regra contida no dispositivo legal acima citado, mas podem sê-lo e, consequentemente, justificar sua resolução ou modificação, "se a variação exceder consideravelmente a margem de risco própria do contrato". Exemplifica com a hipótese de um contrato de seguro em que o fato superveniente torne "anormalmente quase certo o risco de verificação (fora do âmbito normal de cobertura)" ou, pelo contrário, "torne quase impossível a sua verificação". E ressalta a importância de "determinação do risco *próprio* do contrato", que o acompanha nas circunstâncias peculiares e momento em que é realizado o negócio, para que se tenha uma ideia "da medida em que um risco ultrapassa o que é próprio do contrato celebrado".[44]

Tratando-se de contrato aleatório de natureza especulativa, que é de alto risco (álea extraordinária), como, por exemplo, compra e venda de ações de companhias, cotas de fundos de investimento, títulos públicos e privados, *commodities* agrícolas, minerais ou financeiras, em Bolsa de Valores e Bolsa de Mercadorias e Futuros, entre outros, dificilmente o contratante que assumiu esse risco exacerbado terá êxito em eventual pedido de revisão contratual, se a sua prestação tornar-se excessivamente onerosa em decorrência de fato superveniente que altere as circunstâncias do

---

[42] Aplicação da cláusula *rebus sic stantibus* aos contratos aleatórios, *in* Revista de Informação Legislativa do Senado Federal, vol. 36, nº 144, outubro/dezembro 1999, pp. 5 a 10, especialmente pp. 9 e 10; http://www2.senado.leg.br/bdsf/handle/id/527; acesso em 06/04/2020.

[43] Direito das Obrigações, cit., p. 344; citando Vaz Serra, *in* Boletim do Ministério da Justiça nº 68 (Julho de 1957), p. 381 e também pp. 333 e seguintes.

[44] Direito Civil, Teoria Geral, vol. 3, Relações e Situações Jurídicas, Ed. Saraiva, São Paulo, 2ª ed., 2010, pp. 164 e 165.

negócio realizado. Haverá a difícil tarefa desse contratante de demonstrar que o fato superveniente e a alteração das circunstâncias ultrapassaram consideravelmente os limites dos riscos próprios do contrato celebrado.

2.5.5. Contrato preliminar ou pré-contrato

O contrato preliminar, também denominado pré-contrato ou contrato preparatório, é a contratação realizada para preparar a celebração de um contrato definitivo. No contrato preliminar, as partes obrigam-se a celebrar futuramente o contrato definitivo.

O contrato preliminar pode ser bilateral, em que ambas as partes comprometem-se a celebrar o contrato definitivo (por exemplo, promessa ou compromisso de compra e venda), ou unilateral, em que somente uma das partes obriga-se a outorgar a declaração definitiva (por exemplo, contrato de opção de compra).

Embora o objeto da obrigação no contrato preliminar seja a celebração do futuro contrato definitivo, se o primeiro contém os requisitos legais e essenciais do definitivo e os principais termos e condições a serem seguidos e cumpridos inclusive nessa contratação que está por vir, e ainda, se é celebrado em caráter irretratável, o contrato preliminar já vincula as partes que, muitas vezes, iniciam o cumprimento de suas obrigações pactuadas. Nesse caso, o descumprimento da obrigação estipulada no contrato preliminar sujeita o devedor a uma execução judicial em que será retirado o objeto prometido por ele ou fixada indenização de perdas e danos a ser paga pelo mesmo.

Os artigos 462, 463 e 464 do nosso Código Civil estabelecem que o contrato preliminar, exceto quanto à forma, deve conter todos os requisitos essenciais ao contrato a ser celebrado; que, concluído o contrato preliminar, que deverá ser levado ao registro competente, e desde que dele não conste cláusula de arrependimento, qualquer das partes terá o direito de exigir a celebração do definitivo, assinando prazo à outra para que o efetive; e que esgotado esse prazo, poderá o juiz, a pedido do interessado, suprir a vontade da parte inadimplente, conferindo caráter definitivo ao contrato preliminar, salvo se a isto se opuser a natureza da obrigação.

O contrato preliminar também pode sofrer alteração em sua estrutura econômica, após a sua formação e antes da celebração do contrato definitivo, e se essa alteração provocar onerosidade excessiva e desequilíbrio substancial entre as prestações previamente pactuadas, dará ensejo à sua revisão e adaptação às novas circunstâncias, ou à sua resolução, se não for possível a primeira providência, e não será mais viável e exigível a celebração do contrato definitivo.

De outro lado, o contrato definitivo é o celebrado para concretizar o contrato preparatório ou preliminar, se for o caso, ou para realizar diretamente o negócio pretendido pelas partes, sem necessidade de aguardar documentação, a cessação de alguma dificuldade ou obstáculo, uma situação mercadológica ou de risco mais favorável ou uma outra conveniência e, portanto, se estiverem à disposição das partes todos os elementos necessários à realização do negócio.

3.
Antecedentes Históricos da Onerosidade Excessiva

O presente trabalho busca destacar a onerosidade excessiva superveniente como instituto autônomo desvinculado da teoria da imprevisão e da cláusula *rebus sic stantibus*.

Porém, como a onerosidade excessiva é um dos requisitos de aplicação dessa teoria, ambas possuem praticamente a mesma origem histórica.

A modificação das circunstâncias e o impedimento superveniente, desde tempos remotos, preocupam a sociedade e reclamam uma solução para os contratos que sofrem os efeitos de tal alteração, quando ainda se encontram em curso de execução.

Como informa Álvaro Villaça Azevedo,[45] há aproximadamente 3.700 anos, o Código de Hamurabi, excepcionando o princípio da força obrigatória dos contratos, em sua Lei 48, já previa: "se alguém se obrigou por uma obrigação que produz interesses" (juros) "e uma tormenta" (o Deus Hadad) "inundou seu campo e destruiu sua colheita, ou se, por falta de água, o trigo não nasceu no campo, nesse ano ele não dará trigo a seu credor, modificará sua tábua de contrato e não dará o interesse" (juros) "desse ano". Veja-se que essa antiga regra da Babilônia já previa a revisão do contrato devido à modificação das circunstâncias negociais.

---

[45] Teoria da imprevisão e revisão judicial nos contratos, *in* Revista dos Tribunais, vol. 733, Ed. Revista dos Tribunais, São Paulo, novembro de 1996, pp. 109 a 119, especialmente p. 110.

O Direito Romano atribuía ao contrato uma rigidez de forma e o considerava inatacável, em razão do princípio da obrigatoriedade dos contratos, previsto na Lei das XII Tábuas, de 450 a.C., em sua Tábua sexta, lei I: *uti lingua nuncupasit*.[46]

Dois textos da época do Direito Romano, um de Nerácio e outro de Africano, dão a impressão de determinar a origem da cláusula *rebus sic stantibus*. Entretanto, como ressalta Paulo Carneiro Maia,[47] esses textos não obedecem a princípio constante, não ensejam a construção jurídica de aplicação geral, pois trazem soluções específicas para casos concretos, baseadas somente na interpretação da intenção dos contratantes.

De fato, dizia Nerácio: "O que Sérgio escreve no livro dos dotes, que se entre as pessoas que contraíram núpcias uma delas não tivesse atingido a idade legal, pode ser restituído o que entretanto lhe fora dado a título de dote, assim deve ser entendido, sobrevindo o divórcio antes que ambas as pessoas tenham a idade legal, seja feita a restituição daquele dinheiro; porém, permanecendo no mesmo estado matrimonial, não é possível mais esta restituição, também daquilo que a esposa haja dado ao esposo a título de dote, tanto que perdure entre eles a afinidade; porque aquilo que se dá por esta causa, não se tendo consumado todavia a conjunção carnal, como era preciso que acontecesse afim de que chegasse a constituir o dote, ou enquanto isso possa vir a suceder, não haverá restituição".[48]

---

[46] Álvaro Villaça Azevedo, Teoria da imprevisão e revisão judicial nos contratos, cit., p. 110.

[47] Da cláusula *rebus sic stantibus*, Monografia para Concurso à Cátedra de Direito Civil da Faculdade de Direito da Universidade de São Paulo, 1959, p. 44.

[48] Digesto, XII, 4, 8; conforme Paulo Carneiro Maia, Da cláusula *rebus sic stantibus*, cit., p. 43; *Neratius, libro II, Membranarum – Quod Servius in libro de dotibus scribit, si inter eas personas, quarum altera nondum iustam aetatem habeat, nuptiae factae sint, quod dotis nomine interim datum sit, repeti posse, sic intelligendum est, ut, si divortium intercesserit, priusquam utraque persona iustam aetatem habeat, sit eius pecuniae repetitio; donec autem in eodem habitu matrimonii permaneant (2), non magis id repeti possit, quam quod sponsa sponso dotis nomine dederit, donec maneat inter eos affinitas; quod enim ex ea causa nondum coïto (3) matrimonio datur, quum sic detur tanquam in dotem perventurum, quamdiu pervenire potest, repetitio eius non est;* in Cuerpo Del Derecho Civil Romano, publicado por Kriegel, Hermann e Osenbrüggen, trad. D. Ildefonso L. García Del Corral, Primeira Parte, Tomo I, Instituta-Digesto, Ed. Jaime Molinas, Barcelona, 1889, p. 703.

E Africano, respondendo à questão *de solutionibus et liberationibus*,[49] assim manifestou-se: "Quando alguém tiver estipulado que se dê a ele ou a Tício, se diz ser mais certo que se há de entender, que se paga bem a Tício, somente se perdurar o mesmo estado em que se falava quando se assentou a estipulação. Mas, se o foi por adoção, ou tiver sido desterrado, ou se pôs interdição pela água e pelo fogo, ou foi feito servo, se há de dizer que não se lhe paga bem; porque se considera que tacitamente é inerente à estipulação esta convenção, desde que se permaneça no mesmo estado".[50]

Por isso entende-se que a cláusula *rebus sic stantibus* encontra seus vestígios nas lições morais dos filósofos Marco Túlio Cícero e Sêneca, nas quais se admite a possibilidade de não cumprimento da obrigação assumida no contrato, quando situações ocorridas após a sua celebração modificam a verdade que levou as partes a contratar.

Em sua obra *De officiis* (Dos deveres), escrita no ano 45 a.C., Cícero, aconselhando seu filho Marcos, expôs o seguinte: "Apresentam-se-nos, muitas vezes, circunstâncias nas quais as coisas que parecem eminentemente justas, para aquele que nós chamamos homem honrado, mudam de natureza e tomam um caráter oposto. Assim, em certas ocasiões, será conforme à justiça não restituir o depósito, não cumprir a promessa, desconhecer a verdade e a fé empenhada... a alteração dos tempos e das circunstâncias leva à alteração da verdade".[51]

Continua, em seguida, citando outros exemplos: "Há promessas que por vezes não podem ser mantidas; como há também depósitos que não é possível restituir. Um homem, em seu juízo perfeito, vos confiou uma espada; tornou-se louco e vos pede a restituição. Sereis culpado pela devolução; cumprireis vosso dever recusando-a. Sois depositário de

---

[49] Dos pagamentos e das liberações.
[50] Digesto, XLVI, 3, 38; conforme Paulo Carneiro Maia, Da cláusula *rebus sic stantibus*, cit., pp. 43 e 44; *Africanus, libro VII, Quaestionum – Quum quis sibi, aut Titio dari stipulatus sit, magis esse ait, ut ita demum recte Titio solvi dicendum sit, si in eodem statu maneat, quo fuit, quum stipulatio interponeretur. Ceterum sive in adoptionem, sive in exilium ierit, vel aqua et igni ei interdictum, vel servus factus sit, non recte ei solvi dicendum; tacite enim inesse haec conventio stipulationi videtur, si in eadem causa maneat; in* Cuerpo Del Derecho Civil Romano, cit., Primeira Parte, Tomo III, Digesto, Ed. Jaime Molinas, Barcelona, 1897, p. 604.
[51] *De officiis*, 1.1, nº X; citado por Paulo Carneiro Maia, Da cláusula *rebus sic stantibus*, cit., pp. 30 e 31.

uma soma em dinheiro. Aquele que vô-la confiou toma as armas contra a pátria; restituireis esse depósito? Não o creio: importaria isso em agir contra a república, que vos deve ser mais cara do que todo o mundo. Assim, muitas ações que parecem honestas em si, deixam de sê-lo por circunstâncias. Manter sua palavra, satisfazer sua promessa, devolver um depósito, são igualmente coisas que deixam de ser honestas, desde que elas perdem sua utilidade".[52]

No mesmo sentido, e também de modo genérico, Sêneca condicionou a obrigação à permanência das coisas no estado em que se deu a promessa, nos seguintes termos: "Não terei faltado à minha palavra e merecido a censura de inconstância, senão quando todas as coisas tenham permanecido como no momento de minha promessa, e eu não me tenha empenhado no seu cumprimento. A menor mudança deixa-me inteiramente livre para modificar minha determinação, desobrigando-me da promessa. Prometi-vos minha assistência de advogado: porém, verifiquei que sua pretendida ação era contra meu pai. Prometi-vos acompanhar em viagem: certifiquei-me, ao depois, que ladrões infestavam a estrada; prometi-vos patrocínio: no entanto meu filho adoece ou minha mulher é acometida de dores de parto. Todas essas coisas devem estar na mesma situação que a do momento em que vos prometi, para que possais reclamar essa promessa como obrigatória".[53]

Posteriormente, essas regras morais dos aludidos filósofos romanos inspiraram os canonistas, entre eles Santo Agostinho e Santo Tomás de Aquino, os quais mostraram que não existe mentira quando o descumprimento de promessa ocorre por motivo relevante.[54] Inclusive, Santo Tomás de Aquino, em sua *Suma Teológica*, no século XIII, citando Sêneca, assentou que a manutenção da palavra empenhada depende de que não tenham mudado as circunstâncias.

Essas lições morais, antes existentes no âmbito filosófico, exerceram forte influência no Direito Canônico e logo penetraram no campo jurídico. Nas Decretais de Graciano, publicadas em meados do século XII,

---

[52] *De officiis*, 1.III, nº XXV; citado por Paulo Carneiro Maia, Da cláusula *rebus sic stantibus*, cit., pp. 31 e 32.

[53] *De Beneficiis*, 1. IV, capítulo XXXV; conforme Paulo Carneiro Maia, Da cláusula *rebus sic stantibus*, cit., pp. 32 e 33.

[54] Paulo Carneiro Maia, Da cláusula *rebus sic stantibus*, cit., pp. 34 a 36.

foram explicitados os limites dentro dos quais o inadimplemento da promessa não era mentira e não se evidenciava a culpa do inadimplente.[55]

Surgiu, então, ainda na Idade Média, a *cláusula rebus sic stantibus*, extraída da seguinte expressão de Bartolo: "*contractus qui habent tractum sucessivum et dependentiam de futuro, rebus sic stantibus intelliguntur*", ou seja, "os contratos de trato sucessivo e com dependência de prazo (a termo) estão sujeitos ao estado das coisas existentes no momento de sua elaboração".[56]

A cláusula *rebus sic stantibus* foi acolhida nos séculos XII e XIII, desenvolveu-se nos séculos XIV a XVI e perdurou até fins do século XVIII, quando, então, foi caindo em desuso.[57]

Inicialmente, a cláusula *rebus sic stantibus* teve aplicação generalizada e era pressuposta a sua existência em todos os contratos. Entretanto, entendendo serem necessárias a distinção dos diversos atos de vontade e a fixação do conteúdo da cláusula, Andrea Alciato apresentou a primeira e importante definição teórica da cláusula *rebus sic stantibus*, estabelecendo limites à sua aplicação.[58]

Explica Paulo Carneiro Maia que, para os atos unilaterais, como as disposições de última vontade, a nomeação de tutor e a escolha de procurador, Alciato "admitia larga aplicação da cláusula, todas as vezes que viesse a se modificar o estado de coisas em que tivesse sido feita a disposição". Entretanto, relativamente aos atos bilaterais, somente admitia a cláusula em casos específicos, principalmente "se sobreviesse fato imprevisto e estranho ao conteúdo do contrato".[59]

---

[55] Paulo Carneiro Maia, Da cláusula *rebus sic stantibus*, cit., pp. 34 e 35, 37 e 38.
[56] Conforme tradução literária de Álvaro Villaça Azevedo, Teoria da imprevisão e revisão judicial nos contratos, cit., p. 110.
[57] Paulo Carneiro Maia, Da cláusula *rebus sic stantibus*, cit., pp.16 e 17. Ver, também, obra anterior de Arnoldo Medeiros da Fonseca, Caso Fortuito e Teoria da Imprevisão, Tipografia do Jornal do Comércio, Rio de Janeiro, 1932, pp. 8, 9, 137 e 138.
[58] Carlo G. Terranova, L'eccessiva onerosità nei contratti, *in* Il Codice Civile – Commentario – Artt. 1467-1469, Coordenador Piero Schlesinger, Ed. Giuffrè, Milão, 1995, p. 8, com referência a Andrea Alciato, *Opera Omnia, apud* Thomas Guarin, Basileae, 1582, tomo IV, col. 774; J. M. Othon Sidou, Resolução Judicial dos Contratos (Cláusula Rebus Sic Stantibus) e Contratos de Adesão, Ed. Forense, Rio de Janeiro, 3ª ed., 2000, p. 13.
[59] Da cláusula *rebus sic stantibus*, cit., pp. 49 e 50.

Com base nessa construção teórica de Andrea Alciato, a cláusula *rebus sic stantibus* ressurgiu por ocasião da primeira guerra mundial (1914), mas com a nova denominação de teoria da imprevisão e com a exigência da imprevisibilidade do fato superveniente modificador das circunstâncias negociais, para efeito de revisão ou resolução do contrato, o que é objeto de crítica no presente trabalho.

4.
Direito Estrangeiro

Cumpre analisar a maneira como a onerosidade excessiva é tratada pelo direito estrangeiro. Como se verá, alguns países, como França, Itália, Alemanha e Portugal, admitem a resolução judicial do contrato, ou a sua revisão em Juízo, como forma de eliminar a onerosidade excessiva superveniente, sendo permitida a modificação das cláusulas e condições do contrato, para que seja mantido ou recuperado o equilíbrio patrimonial entre as prestações pactuadas.

Outros países, especialmente os que adotam o sistema da *common law*, não admitem tal intervenção judicial, lastreando-se no princípio da intangibilidade dos contratos e do caráter absoluto das obrigações neles estipuladas.

No âmbito internacional, há Diplomas não vinculativos, denominados *softlaw codes*, que contém recomendações que podem ser seguidas quando ocorre alteração nas circunstâncias negociais que alcança contratos em curso e gera onerosidade excessiva para uma das partes contratantes.

O *Principles of European Contract Law* (2002), em seu artigo 6:111 (Alteração nas Circunstâncias)[60], recomenda:

---

[60] https://www.trans-lex.org/400200/_/pecl/#head_101; acesso em 28/03/2020.

(1) A parte é obrigada a cumprir suas obrigações mesmo que o cumprimento se torne mais oneroso, seja porque o custo do seu cumprimento tenha aumentado ou porque o valor a ser recebido tenha diminuído.

(2) Se, entretanto, o cumprimento do contrato se tornar excessivamente oneroso devido a mudanças nas circunstâncias, as partes estão obrigadas a proceder a negociações com o objetivo de adaptar ou extinguir o contrato, desde que:

(a) a mudança nas circunstâncias tenha ocorrido após a celebração do contrato;
(b) a possibilidade de mudança das circunstâncias não pudesse, razoavelmente, ser prevista no momento da celebração do contrato;
(c) o risco da mudança das circunstâncias não pode, nos termos do contrato, ser suportado pela parte afetada.

(3) Se as partes não chegarem a acordo dentro de um prazo razoável, o Judiciário poderá:

(a) extinguir o contrato em uma data e nos termos a serem determinados pelo Judiciário; ou
(b) adaptar o contrato a fim de distribuir entre as partes, de maneira justa e equitativa, os prejuízos e os lucros decorrentes da alteração das circunstâncias.

Em ambos os casos, o Judiciário poderá fixar uma indenização pelas perdas sofridas se uma das partes recusar-se a negociar ou romper as negociações de maneira contrária à boa-fé e ao negócio justo.[61]

---

[61] *Article 6:111: Change of Circumstances*
(1) A party is bound to fulfil its obligations even if performance has become more onerous, whether because the cost of performance has increased or because the value of the performance it receives has diminished.
(2) If, however, performance of the contract becomes excessively onerous because of a change of circumstances, the parties are bound to enter into negotiations with a view to adapting the contract or terminating it, provided that:
(a) the change of circumstances occurred after the time of conclusion of the contract,
(b) the possibility of a change of circumstances was not one which could reasonably have been taken into account at the time of conclusion of the contract, and

No mesmo sentido, as recomendações contidas no *Unidroit's Principles of International Commercial Contracts* (2016)[62], em seus artigos 6.2.1, 6.2.2 e 6.2.3:

> Artigo 6.2.1 (Obrigatoriedade do contrato)
>
> Quando o cumprimento de um contrato torna-se mais oneroso para uma das partes, essa parte continua, ainda assim, obrigada a cumprir o contrato, ressalvadas as disposições seguintes a respeito de *hardship*.[63]
>
> Artigo 6.2.2 (Definição de *hardship*)
>
> Há *hardship* quando sobrevêm fatos que alteram fundamentalmente o equilíbrio do contrato, seja porque o custo do adimplemento da obrigação de uma parte tenha aumentado, seja porque o valor da contraprestação haja diminuído, e:
>
> (a) os fatos ocorrem ou se tornam conhecidos pela parte em desvantagem após a celebração do contrato;
> (b) os fatos não poderiam ter sido razoavelmente previstos pela parte em desvantagem, no momento da celebração do contrato;
> (c) os fatos estão alheios à esfera de controle da parte em desvantagem; e

---

(c) the risk of the change of circumstances is not one which, according to the contract, the party affected should be required to bear.
(3) If the parties fail to reach agreement within a reasonable period, the court may:
(a) terminate the contract at a date and on terms to be determined by the court; or
(b) adapt the contract in order to distribute between the parties in a just and equitable manner the losses and gains resulting from the change of circumstances.
In either case, the court may award damages for the loss suffered through a party refusing to negotiate or breaking off negotiations contrary to good faith and fair dealing.
[62] https://www.unidroit.org/instruments/commercial-contracts/unidroit-principles-2016; acesso em 28/03/2020.
[63] *Article 6.2.1 (Contract to be observed)*
Where the performance of a contract becomes more onerous for one of the parties, that party is nevertheless bound to perform its obligations subject to the following provisions on hardship.

(d) o risco pela superveniência dos fatos não foi assumido pela parte em desvantagem.[64]

Artigo 6.2.3 (Efeitos da *hardship*)

(1) Em caso de *hardship*, a parte em desvantagem tem direito de pleitear renegociações. O pleito deverá ser feito sem atrasos indevidos e deverá indicar os fundamentos nos quais se baseia.
(2) O pleito para renegociação, por si só, não dá direito à parte em desvantagem de suspender o cumprimento de suas obrigações.
(3) Não se chegando a um acordo, dentro de um prazo razoável, cada uma das partes poderá recorrer ao Judiciário.
(4) Caso o Judiciário considere a existência de *hardship*, poderá, se for razoável:

(a) extinguir o contrato, na data e condições a serem fixadas; ou
(b) adaptar o contrato com vistas a restabelecer-lhe o equilíbrio.[65]

Certamente, merecerão atenção e análise, em cada caso concreto, as questões atinentes à imprevisibilidade ou ao grau de previsibilidade do fato superveniente; à alteração do equilíbrio do contrato, se substancial e

---

[64] Article 6.2.2 (*Definition of hardship*)
There is hardship where the occurrence of events fundamentally alters the equilibrium of the contract either because the cost of a party's performance has increased or because the value of the performance a party receives has diminished, and
(a) the events occur or become known to the disadvantaged party after the conclusion of the contract;
(b) the events could not reasonably have been taken into account by the disadvantaged party at the time of the conclusion of the contract;
(c) the events are beyond the control of the disadvantaged party; and
(d) the risk of the events was not assumed by the disadvantaged party.
[65] Article 6.2.3 (*Effects of hardship*)
(1) In case of hardship the disadvantaged party is entitled to request renegotiations. The request shall be made without undue delay and shall indicate the grounds on which it is based.
(2) The request for renegotiation does not in itself entitle the disadvantaged party to withhold performance.
(3) Upon failure to reach agreement within a reasonable time either party may resort to the court.
(4) If the court finds hardship it may, if reasonable, (a) terminate the contract at a date and on terms to be fixed, or (b) adapt the contract with a view to restoring its equilibrium.

alheia aos riscos normais do negócio; à necessidade, ou não, de suspensão do cumprimento das obrigações que se tornaram excessivamente onerosas; ao momento em que deve ser solicitada a renegociação, conforme os efeitos da alteração das circunstâncias sejam imediatos ou apareçam gradativamente; à exigência de comportamento em conformidade com o princípio da boa-fé objetiva, durante as tratativas de renegociação; e ao "prazo razoável" de duração da renegociação; entre outras circunstâncias relevantes que existirem.

Os dois Diplomas ressaltam a força obrigatória dos contratos (*pacta sunt servanda*), mas recomendam, excepcionalmente, no caso de onerosidade excessiva superveniente que altera fundamentalmente o equilíbrio do contrato e seja decorrente de fato alheio ao controle das partes, que se realizem renegociações dos termos e condições contratuais e que, na falta de acordo entre as partes, o Judiciário, se procurado, realize a revisão e adaptação das cláusulas e condições negociais ou decrete a extinção do contrato cujo cumprimento passou a ser excessivamente oneroso.

4.1. França

Na França, não se admitia a intervenção judicial para modificação de cláusulas e condições do contrato, mesmo na hipótese de onerosidade excessiva superveniente.

O Código Civil francês assenta-se no princípio *pacta sunt servanda*, previsto em seu artigo 1.103, segundo o qual os contratos legalmente formados têm o caráter de lei entre os que os fizeram.[66] Esse princípio da intangibilidade dos contratos é adotado como regra geral e era aplicado rigorosamente pelos tribunais franceses.

Ressalta René Savatier[67] que os tribunais franceses são hostis à revisão judicial dos contratos. Argumentam que aquele que aceitou uma contratação não pode, no momento de sua execução, alegar dificuldades e custos imprevistos para eximir-se de sua obrigação.

---

[66] *Article 1103: Les contrats légalement formés tiennent lieu de loi à ceux qui les ont faits*; alterado pela Portaria nº 2016-131, de 10 de fevereiro de 2016, que reformou o direito contratual, o regime geral e a prova de obrigações e deu nova redação ao Livro III e seu Título III – Fontes de Obrigações.

[67] La Théorie des Obligations – Vision juridique et économique, Ed. Dalloz, 2ª ed., 1969, p. 238.

Assim, na França, os contratos deviam ser rigorosamente cumpridos, nos exatos termos estipulados pelas partes, ainda que implicassem a ruína financeira de uma delas e o enriquecimento injustificado da outra.

Apesar da rigorosa aplicação do princípio da força obrigatória dos contratos, havia algumas exceções, sendo admitida a revisão contratual em determinadas hipóteses previstas em leis emergenciais, como, por exemplo, nos casos de guerra.

Destaca-se, nesse sentido, a lei de 21 de janeiro de 1918, chamada Lei *Failliot*, que permitia ao juiz a resolução ou suspensão dos contratos comerciais concluídos antes de 1º de agosto de 1914, mediante prova de que, por motivo do estado de guerra, a execução das obrigações causaria a um dos contratantes encargos e prejuízos exagerados, muito além das previsões razoavelmente feitas na época do ajuste.[68]

Admite-se, ainda, a revisão de cláusulas e condições negociais nos contratos de concessão de serviços públicos, quando acontecimentos imprevisíveis provocam desequilíbrio entre as prestações pactuadas.

A esse respeito, Jean Carbonnier[69] informa que, após o aresto do caso *Gaz de Bordeaux*, de 30 de março de 1916, o Conselho de Estado decidiu que, nos contratos de concessão de serviços públicos atingidos por circunstâncias imprevisíveis, pode ser concedida uma indenização a um contratante, a fim de restabelecer o equilíbrio econômico do contrato e impedir a interrupção do serviço público.[70]

Também é admitida a revisão contratual quando prevista, expressamente, pelas partes contratantes. Explica Jean Carbonnier[71] que as partes podem licitamente prever, em contrato, que suas cláusulas, notadamente as relativas ao preço, serão modificadas se ocorrer alteração das circunstâncias econômicas, durante a execução do contrato. E essa previsão pode ser feita mediante cláusulas de variação automática (escala móvel)

---

[68] J. M. Othon Sidou, Resolução Judicial dos Contratos, cit., p. 48; Christine Souchon, Les modifications du contrat au cours de son exécution en raison de circonstances nouvelles, Coordenador René Rodiere, Ed. A. Pedone, Paris, 1984, pp. 13 a 48, especialmente p. 19.
[69] Droit Civil, vol. 4, Les Obligations, Ed. Presses Universitaires de France, Paris, 6ª ed., 1969, pp. 218 e 219.
[70] Ver, ainda, Philippe Malinvaud, Droit des Obligations – Les mécanismes juridiques des relations économiques, Ed. Litec, Paris, 6ª ed., 1992, p. 216.
[71] Droit Civil, cit., p. 219.

DIREITO ESTRANGEIRO

ou cláusula de revisão, como uma cláusula *rebus sic stantibus* expressa, fixando os critérios de modificação contratual.

Outra não era a postura dos países onde vigoram os princípios do Código Civil francês, como a Bélgica, que, igualmente, não admitia a revisão contratual nas hipóteses de desequilíbrio superveniente.

Informa Jacques Herbots[72] que a maioria das Cortes belgas recusa-se a aceitar a teoria da imprevisão (*doctrine of unforeseen circumstances*) e isso, na prática, parece às vezes injusto. Porém, argumenta-se que essas decisões baseiam-se no princípio geral de estabilidade do contrato, fundamental à circulação de bens e de riquezas. Uma teoria geral admitindo que se atenue a obrigação, quando o adimplemento se torna simplesmente mais difícil, mas não impossível, dará ensejo a muitos abusos.

Ressalta, entretanto, que muitos autores belgas aceitam a teoria da imprevisão quando requerido pela boa-fé. Eles entendem que a revisão de uma relação contratual pode ser requerida quando a sua continuação, sob as condições inicialmente pactuadas, leve a uma injustiça, em razão de mudança econômica. A jurisprudência, às vezes, faz uso do princípio da boa-fé.[73]

Em 2016, foi introduzida no Código Civil francês regra inovadora para solução de eventual onerosidade excessiva superveniente que alcance contratos em curso.

Segundo o disposto no artigo 1.195 desse Diploma legal, se uma alteração de circunstâncias, imprevisível quando da conclusão do contrato, tornar a execução excessivamente onerosa para uma parte que não concordou em assumir o risco, esta poderá solicitar uma renegociação do contrato ao outro contratante, e ele continuará cumprindo suas obrigações durante a renegociação.[74]

---

[72] Contract Law in Belgium, Ed. Kluwer Law, Deventer-Boston-Bruxelas, 1995, p. 184, §355.
[73] Contract Law in Belgium, cit., p. 185, §356; entre os autores, cita D. M. Philippe, Changement de circostances et bouleversement de l'économie contractuelle, Bruxelas, 1986, p. 158.
[74] *Article 1195: Si un changement de circonstances imprévisible lors de la conclusion du contrat rend l'exécution excessivement onéreuse pour une partie qui n'avait pas accepté d'en assumer le risque, celle-ci peut demander une renégociation du contrat à son cocontractant. Elle continue à exécuter ses obligations durant la renégociation*; criado pela Portaria nº 2016-131, de 10 de fevereiro de 2016, que reformou o direito contratual, o regime geral e a prova de obrigações e deu nova redação ao Livro III e seu Título III – Fontes de Obrigações.

E a segunda parte desse dispositivo legal prevê que, no caso de recusa ou falha da renegociação, as partes podem concordar com a resolução do contrato, na data e nas condições que elas determinarem, ou solicitar, de comum acordo, ao juiz que proceda à sua adaptação. E que, na falta de acordo dentro de um prazo razoável, o juiz pode, a pedido de uma parte, revisar ou resolver o contrato, na data e nas condições que ele fixar.[75]

Junto com a inovação, esse artigo 1.195 do Código Civil francês traz também questões relevantes, tendo em vista especialmente o histórico antirevisionista rigoroso das Cortes francesas.

A primeira parte do dispositivo legal refere-se somente à alteração de circunstâncias imprevisível, sem menção expressa de que tal alteração e consequente dificuldade excessiva sejam provenientes de fato extraordinário alheio ao controle das partes contratantes, o que pode gerar interpretações controvertidas e levar a uma resolução ou revisão do contrato por motivo subjetivo, por exemplo, por ter havido má administração de suas finanças pelo contratante que solicitou a revisão.

Ainda na primeira parte desse dispositivo legal, há previsão de que o contratante que solicitar a renegociação dos termos e condições contratuais deverá continuar cumprindo suas obrigações durante a renegociação. Se a renegociação é solicitada diante de uma situação de onerosidade excessiva superveniente, é provável que se torne inviável ou insuportável o adimplemento obrigacional pelo contratante prejudicado, durante as tratativas de renegociação.

Na segunda parte do artigo 1.195 do Código Civil francês, é possibilitado ao contratante prejudicado o pedido de providência judicial para revisar ou extinguir o contrato, se na renegociação não houver acordo dentro de um prazo razoável. Surge a dúvida do que seria um prazo razoável para o contratante beneficiado e para o contratante prejudicado pela alteração das circunstâncias, considerando que este último deve continuar cumprindo as suas prestações que se tornaram excessivamente onerosas.

---

[75] *Article 1195: (...) En cas de refus ou d'échec de la renégociation, les parties peuvent convenir de la résolution du contrat, à la date et aux conditions qu'elles déterminent, ou demander d'un commun accord au juge de procéder à son adaptation. A défaut d'accord dans un délai raisonnable, le juge peut, à la demande d'une partie, réviser le contrat ou y mettre fin, à la date et aux conditions qu'il fixe.*

4.2. Itália

Na Itália, o Código Civil anterior, de 1865, centralizava-se no pleno respeito à vontade das partes e ao princípio *pacta sunt servanda*, e nessa perspectiva, somente a impossibilidade objetiva superveniente de cumprimento obrigacional representava um limite válido à eficácia vinculante do contrato. Não previa, pois, essa codificação anterior instituto para disciplinar a questão da superveniência contratual.[76]

Observa J. M. Othon Sidou[77] que, embora o artigo 1.123 desse Código anterior estabelecesse a inalterabilidade dos contratos legalmente constituídos, permitindo sua revogação somente por mútuo consentimento das partes ou por motivo previsto em lei, a rigidez desse preceito não impediu que as cortes italianas, sem haver lei específica, "eximissem do pagamento da indenização as empresas seguradoras no muito evocado caso judicial dos incêndios das cidades de Messina e Regio Calabrio, provocados pelo terremoto que em parte as destruiu". Ao apreciar o caso, a Corte de Cassação entendeu que o risco "prevalecia em caso de incêndio na cidade levando sua vida normal e que pudesse ser normalmente contido, não numa cidade atingida por um cataclismo, o que inegavelmente desfigurou o contrato concluído e baseado em diversa vontade".

Ressurgiu, então, naquele país, o interesse pela cláusula *rebus sic stantibus* e a questão da superveniência contratual, o que se intensificou por ocasião da primeira guerra mundial.

Segundo Paolo Gallo,[78] entre os vários autores que se ocuparam do tema, destaca-se M. Andreoli[79], que publicou interessante trabalho de síntese e de análise da superveniência contratual, defendendo a criação de um remédio para cuidar da modificação das circunstâncias. Reiterando a doutrina medieval da *reductio ad aequitatem*, Andreoli entendia que, em caso de modificação das circunstâncias negociais, a melhor maneira de restabelecer o equilíbrio turbado entre as prestações era permitir a revisão do contrato, e por isso propôs essa solução como regra geral aplicável

---

[76] Paolo Gallo, Sopravvenienza Contrattuale e Problemi di Gestione Del Contratto, Milão, Giuffrè, 1992, p. 103.
[77] Resolução Judicial dos Contratos, cit., p. 62.
[78] Sopravvenienza Contrattuale, cit., p. 104.
[79] Revisione delle dottrine sulla sopravvenienza contrattuale, *in* R.D.C., 1938, 309.

no caso de superveniência contratual, salvo disposição em contrário das partes contratantes.

Entretanto, essa proposta de Andreoli não foi recepcionada pelo Código Civil italiano de 1942, que se limitou a prever como regra geral a possibilidade de resolução do contrato por excessiva onerosidade superveniente, deixando a revisão como solução secundária disponível somente para a parte demandada na ação de resolução.

De fato, dispõe o artigo 1.467, primeira parte, do Código italiano atual (1942) que, nos contratos de execução continuada ou periódica, ou, ainda, de execução diferida, se a prestação de uma das partes tornar-se excessivamente onerosa pela ocorrência de acontecimentos extraordinários e imprevisíveis, poderá a parte que deve tais prestações pedir a resolução do contrato.[80]

Em sua segunda parte, esse artigo ressalva que a resolução não pode ser demandada se a onerosidade superveniente estiver relacionada ao risco normal do contrato.

E a terceira parte desse dispositivo legal prevê que o contratante contra o qual é requerida a resolução pode evitá-la, propondo que se modifiquem equitativamente as condições do contrato.

Desse modo, para os casos de onerosidade excessiva superveniente, preferiu o legislador italiano estabelecer como regra a resolução do contrato, que pode ser decretada pelo juiz a pedido do contratante prejudicado, sendo permitida, secundariamente, a revisão das cláusulas e condições do negócio somente por iniciativa do contratante demandado, mediante proposta apresentada em Juízo objetivando restabelecer o equilíbrio antes existente.[81]

Entretanto, entendo ser melhor solução que, primeiramente, seja dada oportunidade para a manutenção da relação jurídica contratual,

---

[80] Art. 1467 (Contratto con prestazioni corrispettive) – Nei contratti a esecuzione continuata o periodica ovvero a esecuzione differita, se la prestazione di una delle parti è divenuta eccessivamente onerosa per il verificarsi di avvenimenti straordinari e imprevedibili, la parte che deve tale prestazione può domandare la risoluzione del contratto, con gli effetti stabiliti dall'art. 1458. (...) La risoluzione non può essere domandata se la sopravvenuta onerosità rientra nell'alea normale del contratto. La parte contro la quale è domandata la risoluzione può evitarla offrendo di modificare equamente le condizioni del contratto.

[81] Aliás, essa foi a solução adotada pelo nosso Código Civil de 2002, que se inspirou no referido artigo 1.467 da codificação italiana, conforme se verá adiante.

autorizando-se a revisão de suas cláusulas, somente partindo-se para sua extinção se não for possível tal alteração contratual.

Aliás, observa Paolo Gallo[82] que os casos em que se procedeu a revisão do contrato são tão numerosos que, no sistema italiano, a revisão contratual passou a ser a regra, sendo considerada exceção a resolução do contrato.

Resta claro, ainda, que o dispositivo legal sob cogitação adota a teoria da imprevisão,[83] autorizando a resolução ou a revisão do contrato quando fato superveniente, extraordinário e imprevisível tornar excessivamente onerosa a prestação de uma das partes contratantes; o que representa atenuação do princípio da força obrigatória dos contratos, previsto no artigo 1.372 da mesma codificação italiana, segundo o qual o contrato tem força de lei entre as partes, não podendo ser dissolvido a não ser por mútuo consentimento ou por causa admitida por lei.[84]

Cuidando dos pressupostos da resolução do contrato por excessiva onerosidade superveniente, elucida Enzo Roppo[85] que "devem verificar-se *duas condições*: uma, *externa*, atinente às circunstâncias que determinam o agravamento econômico da prestação e o seu consequente desequilíbrio de valor com a contraprestação; a outra, *interna* à substância do negócio, concernente exatamente à medida de tal agravamento e desequilíbrio". Quanto à primeira, "a excessiva onerosidade superveniente deve depender de *acontecimentos extraordinários e imprevisíveis*", de maneira que, "se as circunstâncias que a determinam pertencem ao ordinário curso dos acontecimentos naturais, políticos, econômicos ou sociais, e podiam, por isso, ter sido previstas quando da conclusão do negócio, não há razão para tutelar o contraente que nem sequer usou da normal prudência necessária para representar-se a possibilidade da sua ocorrência e regular-se de acordo com as mesmas na determinação do conteúdo contratual".

E continua: "É justo e racional que o risco das circunstâncias ordinárias e previsíveis seja suportado pelos contraentes: a lei só os protege

---

[82] Sopravvenienza Contrattuale, cit., p. 105.
[83] Cláusula *rebus sic stantibus* após a construção teórica de Andrea Alciato.
[84] Art. 1372 *(Efficacia del contratto) – Il contratto ha forza di legge tra le parti. Non può essere sciolto che per mutuo consenso o per cause ammesse dalla legge.*
[85] O Contrato, tradução de Ana Coimbra e M. Januário C. Gomes, Ed. Almedina, Coimbra, 2009, pp. 261 e 262.

contra as circunstâncias que representam matéria de *riscos absolutamente anômalos*, como tais subtraídos à possibilidade de razoável previsão e controle dos operadores". A título de exemplo, entende que justifica a resolução do contrato a imprevista desvalorização da moeda, e que não a justifica o progredir de uma inflação deslizante manifestada já há algum tempo.

Se era possível prever alteração no conteúdo econômico do contrato, devido às circunstâncias existentes no momento de sua celebração, entende-se que os contratantes assumiram os riscos de eventual oscilação de valores prejudicial, caso não tenham inserido cláusulas prevendo a revisão dos termos e condições ou atualização dos valores contratados.

Ainda com relação aos eventos extraordinários e imprevisíveis, adverte Enzo Roppo que devem consistir em "acontecimentos que não se manifestem só na esfera individual de um contraente, mas operem, ao invés, com *caráter de generalidade*, mudando as condições de todo um mercado ou de todo um setor de relações".[86]

No mesmo sentido, Guido Alpa, Giovanni Bonilini, Ugo Carnevali e Adolfo Di Majo ressaltam que os fatos extraordinários e imprevisíveis devem ser eventos de caráter geral, como a desvalorização da moeda após uma inflação, a flutuação das taxas de câmbio, as oscilações nos preços das matérias primas nas bolsas de mercadorias e assim por diante. Por outro lado, não podem ser levados em consideração eventos relacionados apenas à empresa do contratado (como um agravamento dos ônus decorrente do fato de que os aumentos salariais obtidos pelos funcionários do contratado acabam incidindo e afetando seriamente os custos de fabricação dos produtos encomendados pelo outro contratante), porque eventos desse tipo estão entre os riscos típicos de qualquer operação econômica.[87]

Por isso, a segunda parte do artigo 1.467 do Código Civil italiano estabelece que a resolução não pode ser requerida se a onerosidade superveniente enquadra-se no risco normal do contrato. Nesse ponto, a lei italiana cuida da repartição entre os contratantes dos riscos que são inerentes ao contrato que celebraram, de maneira que, se a onerosidade excessiva decorrer de fato superveniente considerado comum no tipo de

---

[86] O Contrato, cit., p. 262.
[87] La Disciplina Generale Dei Contratti, dalle Istituzioni Di Diritto Privato, Coordenador Mario Bessone, Ed. G. Giappichelli, Torino, 1994, p. 711.

negócio realizado e, portanto, não exceder a álea normal do contrato, não se pode pleitear a sua resolução.

Mais uma vez, e agora referindo-se à outra condição (*interna*) para se utilizar do recurso resolutório, assevera Enzo Roppo[88]: "É preciso que o desequilíbrio determinado entre prestação e contraprestação supere a medida que corresponde às normais oscilações de mercado dos valores trocados; se permanece dentro delas, não há razão para libertar dos seus compromissos a parte que sofre um agravamento econômico que podia, muito bem, ter previsto e prevenido". Desse modo, "cada contrato comporta, para quem o faz, riscos mais ou menos elevados; a lei tutela o contraente face aos riscos anormais, que nenhum cálculo racional econômico permitiria considerar; mas deixa a seu cargo os *riscos tipicamente conexos com a operação*, que se inserem no andamento médio daquele dado mercado".

Explica, ainda, que "o nível de risco correspondente à 'álea normal do contrato' não se pode identificar, de modo geral e abstrato, para todo o tipo de relação contratual, mas varia em relação *aos particulares tipos de negócio*, aos *particulares mercados*, às *particulares conjunturas econômicas*. Em regra, cabe ao juiz efetuar esta verificação (e, portanto, avaliar se a onerosidade surgida posteriormente no contrato submetido ao seu juízo pode considerar-se 'excessiva')".[89]

Com a mesma propriedade, esclarece Carlo G. Terranova[90] que, ao realizarem um negócio, as partes contratantes devem ter em mente que, no momento da execução do contrato, as prestações podem tornar-se mais ou menos onerosas, encontrando-se na normalidade dos negócios e das contratações. Assim, o remédio resolutório será legítimo somente quando a onerosidade superveniente comportar uma alteração tal, que exceda o limite da normalidade e previsibilidade.

Conclui, pois, que a superação da álea de determinado contrato é averiguada utilizando-se critério de ordem econômica, já que requer a verificação da subsistência de um acréscimo quantitativamente importante (em razão de acontecimentos que não se encontram na causa negocial), que exceda a previsível oscilação de custos e valores (das

---

[88] O Contrato, cit., p. 262.
[89] O Contrato, cit., pp. 262 e 263.
[90] L'eccessiva onerosità nei contratti, cit., p. 156.

prestações) conexa com a própria incerteza econômica do tipo contratual ou com o risco econômico maior assumido pelas partes, mediante a estipulação de cláusulas específicas.[91]

Relativamente aos efeitos da onerosidade excessiva superveniente, Guido Alpa, Giovanni Bonilini, Ugo Carnevali e Adolfo Di Majo elucidam que a presença dos pressupostos acima mencionados permite que o contratante em desvantagem requeira a resolução judicial do contrato. No entanto, o outro contratante pode evitar a resolução oferecendo a alteração justa das condições do contrato. A avaliação cabe ao juiz: se ele entender que as novas condições oferecidas modificam o contrato de maneira justa, não acolherá o pedido de resolução, mesmo que o contratante manifeste sua discordância da modificação do contrato que lhe foi oferecida. Alterar as condições do contrato de maneira justa não significa restabelecer a relação de valor entre prestação e contraprestação, que existia no momento da celebração do contrato, mas significa distribuir a onerosidade superveniente de maneira justa entre os contratantes: o contratante que requer a resolução deve conformar-se em arcar pelo menos com a parte da onerosidade superveniente que se enquadra na álea normal do contrato.[92]

4.3. Alemanha

Na Alemanha, embora não existisse um princípio geral de revisão das contratações, nos casos de desequilíbrio superveniente, o Código Civil de 1900 (BGB) continha várias disposições que vinham servindo de base para a revisão judicial dos contratos.

Entre os dispositivos do BGB, merece destaque o §242, segundo o qual o devedor é obrigado a cumprir a prestação como exige a boa-fé e em atenção aos usos e costumes negociais.[93]

Trata-se da boa-fé objetiva, cuja noção foi desenvolvida pela jurisprudência alemã, após o advento do BGB. Da boa-fé objetiva decorrem deveres, entre os quais o dever de cooperação mútua das partes para que seja alcançada a finalidade do contrato.

---

[91] L'eccessiva onerosità nei contratti, cit., p. 159.
[92] La Disciplina Generale Dei Contratti, cit., pp. 711 e 712.
[93] §242 (*Leistung nach Treu und Glauben*) – *Der Schuldner ist verpflichtet, die Leistung so zu bewirken, wie Treu und Glauben mit Rücksicht auf die Verkehrssitte es erfordern.*

Outros dispositivos do BGB, submetidos a uma interpretação flexível, possibilitam a revisão do contrato no caso de superveniente e excessiva dificuldade de cumprimento obrigacional. Por exemplo, o §275 desse Código estabelece que o devedor exonera-se da obrigação sempre que a prestação se tornar impossível, em consequência de uma circunstância surgida após o nascimento da obrigação, que não tenha sido provocada pelo devedor, sendo que este pode recusar-se ao adimplemento de sua prestação na medida em que isso exija um esforço grosseiramente desproporcional à prestação do credor, levando-se em consideração o conteúdo da relação contratual e os requisitos de boa-fé.[94]

Tratando da superveniência contratual nesse país, Reinhard Sparwasser[95] esclarece que, embora o direito alemão não dispusesse, à época, de um princípio geral de revisão dos contratos, a jurisprudência vinha admitindo a intervenção do juiz para remediar eventual desequilíbrio que afetasse o contrato em curso de execução.

Informa, ainda, que o entendimento jurisprudencial apontou para três direções distintas, conforme a época em que foram julgados os casos concretos submetidos à apreciação dos tribunais alemães, destacando decisões proferidas nos períodos anterior e posterior a 1923, seguidas por outras mais recentes.

Inicialmente, tem-se notícia de que as decisões originárias do Tribunal Imperial, proferidas antes de 1923, durante a primeira guerra mundial, em face da modificação das circunstâncias, não se apoiavam na cláusula *rebus sic stantibus* nem na teoria da pressuposição, de Windscheid, pois que as duas haviam sido expressamente rejeitadas quando da redação do Código Civil alemão (BGB). Essa jurisprudência baseou-se no direito positivo, especialmente no §275 do BGB, admitindo a modificação do

---

[94] §275 (1) *Der Anspruch auf Leistung ist ausgeschlossen, soweit diese für den Schuldner oder für jedermann unmöglich ist.* (2) *Der Schuldner kann die Leistung verweigern, soweit diese einen Aufwand erfordert, der unter Beachtung des Inhalts des Schuldverhältnisses und der Gebote von Treu und Glauben in einem groben Missverhältnis zu dem Leistungsinteresse des Gläubigers steht. Bei der Bestimmung der dem Schuldner zuzumutenden Anstrengungen ist auch zu berücksichtigen, ob der Schuldner das Leistungshindernis zu vertreten hat;* https://www.gesetze-im-internet.de/bgb/__275.html; acesso em 31/03/2020.

[95] Les modifications du contrat au cours de son exécution en raison de circonstances nouvelles, Coordenador René Rodiere, cit., pp. 123 a 144, especialmente pp. 123, 130 e 131.

contrato quando a ruptura do equilíbrio ocorresse devido a uma impossibilidade econômica.[96]

Dois grupos de decisões proferidas nessa época distinguem-se. De uma parte, o então Tribunal Imperial falava da impossibilidade econômica em razão de guerra, de revolução ou de dificuldade de transporte, que alterava o conteúdo da prestação, considerando-se o existente no momento da execução do contrato e o definido no momento de sua celebração. Nesse sentido, foram proferidas muitas decisões que concederam a liberação de matérias-primas importadas, que haviam sido apreendidas ou cuja entrada na Alemanha havia se tornado muito difícil, devido à guerra. A Corte liberava o vendedor de todas as suas obrigações, toda vez que se constatava que as circunstâncias econômicas encontravam-se, no período da guerra, totalmente diferentes daquelas que estavam presentes nos tempos de paz, quando da celebração do contrato.

De outra parte, o Tribunal Imperial falava da impossibilidade econômica quando a aquisição de mercadorias não pudesse ser razoavelmente exigida do vendedor em circunstâncias concretas. Entendia aquele Tribunal que a aquisição dos objetos da prestação não devia ser simplesmente mais difícil em decorrência de um acontecimento imprevisto, mas devia ser ligada a dificuldades incomuns, segundo os costumes admitidos nos negócios, que levassem à impossibilidade absoluta.

Cita o autor, como exemplo, caso que envolveu contrato de importação de salmão, em que o vendedor não teve mais mercado de atuação, em razão da guerra, e que, por isso, não poderia ser penalizado por essa impossibilidade surgida no período de execução do contrato, pelo que foi exonerado pela Corte de qualquer responsabilidade. Porém, em outro caso que tratou de aumento excessivo de preço de mercadorias pelos atacadistas, o Tribunal manteve o rigor do princípio da força obrigatória do contrato.[97]

Observa, mais, Reinhard Sparwasser que, posteriormente, sob influência da teoria da base do negócio, de Paul Oertmann, modificou-se o entendimento jurisprudencial, passando-se a admitir a revisão judicial do contrato nos casos de desequilíbrio entre prestação e contraprestação.

---

[96] Reinhard Sparwasser, Les modifications du contrat, cit., pp.127 e 128.
[97] Reinhard Sparwasser, Les modifications du contrat, cit., pp. 128 e 129.

DIREITO ESTRANGEIRO

Nesse sentido, destaca decisão proferida pelo então Tribunal Imperial, em 1922, que apreciou caso em que houve a venda de um terreno que, no momento da celebração do contrato, não mais pertencia ao vendedor, por ser objeto de liquidação de uma sociedade. O preço convencionado correspondia, no momento da conclusão do contrato, ao preço de mercado. A liquidação da sociedade demorou mais do que o previsto e, durante esse tempo, o preço dos imóveis subiu fortemente sob os efeitos da desvalorização monetária. Sendo assim, entendeu o vendedor que não tinha mais a obrigação contratual e o Tribunal lhe deu razão, argumentando que a manutenção da equivalência entre a prestação e o preço, no ato negocial, era pressuposta pelas partes, de acordo com a teoria da base do negócio, de Oertmann. Mas naquele caso, entendeu que o vendedor não poderia mais, pura e simplesmente, resolver o contrato; caberia ao juiz adaptar o preço do terreno para os novos conceitos monetários, para permitir ao comprador a aquisição do terreno, e somente se houvesse recusa do comprador, deveria partir-se para a resolução do contrato.[98]

Em outra oportunidade, aquele Tribunal aplicou novamente a teoria de Oertmann, fundada no §242 do BGB, em contrato de venda em que as partes, confiando na estabilidade da libra inglesa (lastreada em valor ouro), estipularam o preço nessa moeda. Acontece que a Inglaterra renunciou, de modo imprevisto, à paridade ouro, criando uma desvantagem ao vendedor, motivo pelo qual foi concedido a ele um suplemento do preço convencionado, para compensar a perda ocasionada pela desvalorização.[99]

Referindo-se, em continuação, à jurisprudência alemã, informa Sparwasser que o Tribunal Federal continuou a aplicar a teoria da base do negócio, mas acabou equivocando-se em célebre questão julgada em 1953, que envolveu a venda de mercadorias que já estavam obsoletas, para revenda em território soviético. Naquele caso, tornou-se impossível a exportação das mercadorias para zona soviética e o Tribunal deferiu a adaptação do contrato, com base no §242 do BGB, entendendo que, em razão das circunstâncias, as partes haviam tratado com base em sua crença comum de que a exportação para zona soviética seria possível durante um período razoável; e que a destinação que o comprador deu às mercadorias devia ser considerada como fundamento do contrato, de

---

[98] Les modifications du contrat, cit., pp. 129 e 130.
[99] Les modifications du contrat, cit., p. 130.

maneira que, fracassado esse fundamento, a questão merecia uma solução equitativa. Essa decisão é quase unanimemente criticada pela doutrina, que entende que, em regra, um comprador que adquire mercadorias para revenda com lucro deve suportar os riscos dessa revenda. E se ele deseja repartir os riscos com o vendedor, deve inserir no contrato uma cláusula expressa a esse respeito.

Relativamente à intervenção judicial, nos casos de superveniência contratual, encontram-se à disposição do julgador duas opções: a adaptação do contrato às novas circunstâncias ou a sua resolução. Aponta Sparwasser que a posição da jurisprudência alemã é clara no sentido de que a adaptação do contrato tem prioridade absoluta sobre a resolução, e essa hierarquia entre a adaptação e a resolução decorre essencialmente do princípio da fidelidade ao contrato e de considerações de segurança jurídica. Assim, o juiz confere à parte lesada o direito de resolução do contrato somente como último recurso, se a adaptação do contrato resta impossível ou se o cumprimento do contrato não pode ser razoavelmente imposto à parte lesada.[100]

No âmbito legislativo, a Alemanha também procurou criar mecanismos circunstanciais de tutela para reparar o desequilíbrio contratual provocado por transtornos de ordem econômica.

Reinhard Sparwasser destaca três leis criadas no passado nesse sentido: a) lei de revalorização, de 1925, que reproduziu a jurisprudência sobre a reavaliação de dívidas hipotecárias e estabeleceu que o proprietário do imóvel só poderia amortizar a sua hipoteca se pagasse uma quantia equivalente a 25% (vinte e cinco por cento) do valor dessa hipoteca; b) lei de conversão, de 1948, que regulou as consequências da reforma monetária daquele ano e inadmitiu, no seu âmbito, a incidência da teoria do desaparecimento da base do negócio, mas podia ser aplicada apenas a contratos celebrados antes de 21 de junho de 1948; c) lei sobre a revisão de contratos por via judicial, de 1952, que substituiu todas as outras disposições análogas anteriores e continha uma regulamentação limitada das dificuldades de cumprimento decorrentes dos eventos da guerra e de suas consequências, e ainda, da reforma monetária de 1948. Essa lei também podia ser aplicada apenas a contratos celebrados antes de 21 de junho de 1948 e, portanto, não teve significado prático para os contratos

---

[100] Les modifications du contrat, cit., p. 132.

celebrados posteriormente. De acordo com essa lei, as obrigações que se enquadravam no seu campo de aplicação não podiam ser resolvidas completamente, mas sua moratória podia ser reduzida pelo juiz ou o seu pagamento podia ser diferido. O §1º estipulava que os interesses das partes deviam ser apreciados e servir de base do julgamento.[101]

Na Reforma do Direito das Obrigações de 2001/2002, foi inserido no BGB o §313 que trata especificamente do rompimento da base do negócio e autoriza a revisão judicial do contrato, nos seguintes termos:

(1) Se as circunstâncias que se tornaram a base do contrato alterarem-se profundamente após a sua celebração, de modo que as partes não o teriam celebrado ou o teriam com outro conteúdo, se tivessem previsto essa alteração, poderá ser requerida a revisão do contrato, na medida em que for inexigível para a parte a manutenção do contrato sem adaptação, considerando todas as circunstâncias do caso concreto, especialmente a repartição contratual ou legal do risco.

(2) Também caracteriza uma alteração das circunstâncias o fato de concepções essenciais que se tornaram a base do contrato revelarem-se incorretas ou falsas.

(3) Se não for possível a modificação do contrato ou se ela não puder ser razoavelmente exigida de uma das partes, a parte prejudicada poderá denunciar o contrato. No caso de obrigações duradouras, o direito de resolução do contrato substitui o direito de denúncia.[102]

---

[101] Les modifications du contrat, cit., pp. 133 e 134.

[102] §313 (*Störung der Geschäftsgrundlage*) – (1) *Haben sich Umstände, die zur Grundlage des Vertrags geworden sind, nach Vertragsschluss schwerwiegend verändert und hätten die Parteien den Vertrag nicht oder mit anderem Inhalt geschlossen, wenn sie diese Veränderung vorausgesehen hätten, so kann Anpassung des Vertrags verlangt werden, soweit einem Teil unter Berücksichtigung aller Umstände des Einzelfalls, insbesondere der vertraglichen oder gesetzlichen Risikoverteilung, das Festhalten am unveränderten Vertrag nicht zugemutet werden kann.* (2) *Einer Veränderung der Umstände steht es gleich, wenn wesentliche Vorstellungen, die zur Grundlage des Vertrags geworden sind, sich als falsch herausstellen.* (3) *Ist eine Anpassung des Vertrags nicht möglich oder einem Teil nicht zumutbar, so kann der benachteiligte Teil vom Vertrag zurücktreten. An die Stelle des Rücktrittsrechts tritt für Dauerschuldverhältnisse das Recht zur Kündigung*; https://www.gesetze-im-internet.de/bgb/__313.html; acesso em 31/03/2020.

Assim, passou a existir, no BGB, um princípio geral de revisão do contrato, na hipótese de alteração substancial das circunstâncias que motivaram a realização do negócio e foram levadas em consideração na estipulação das cláusulas e condições do contrato, causando desequilíbrio entre as prestações pactuadas.

Para revisão judicial ou resolução do contrato, devem estar presentes os requisitos previstos no item 1 do §313 do BGB: a) alteração superveniente das circunstâncias que constituíram a base do negócio e do contrato, ou seja, dos elementos que provavelmente motivaram a manifestação das vontades para realização do negócio, principalmente o que eles representaram para ambas as partes ou para apenas uma delas, mas reconhecível pela outra (por exemplo, o cenário econômico e mercadológico da época, a capacidade financeira de cada contratante e sua limitação, os riscos comuns e esperados do negócio, entre outros existentes conforme a natureza do negócio e do contrato); b) alteração essa não prevista pelas partes, de maneira que, se elas a tivessem previsto, não teriam realizado o negócio ou teriam celebrado o contrato com conteúdo diverso, estipulando outros termos e condições, e portanto, a alteração de circunstâncias deve ser grave ou substancial a ponto de causar o rompimento ou perturbação da base do negócio, extrapolando os limites da repartição dos riscos que são comuns à espécie do contrato e, por isso, são ou devem ser esperados pelas partes e suportados por uma delas;[103] c) em razão dessa alteração das circunstâncias, não possa mais ser razoavelmente exigido o adimplemento da prestação da parte prejudicada que passou a suportar um risco diverso e inesperado.

O item 3 do §313 do BGB admite a denúncia (resilição unilateral) ou a resolução do contrato, se primeiramente não for possível a sua revisão. Assim, segue o sentido em que vinha decidindo a jurisprudência alemã, dando prioridade à revisão e adaptação do contrato, ficando como opção secundária a sua extinção, se a revisão não puder ser realizada ou razoavelmente exigida de um dos contratantes.

---

[103] Exemplos de desaparecimento ou desorganização da base do negócio: ruptura da relação de equivalência (sinalagma), dificuldade exacerbada da prestação, frustração do resultado pretendido e ajustado pelos contratantes, entre outros.

4.4. Portugal

Dos países que admitem a resolução ou a revisão do contrato em Juízo, Portugal é o que melhor cuida da onerosidade excessiva superveniente nos contratos de execução continuada ou periódica, oferecendo tutela adequada às partes contratantes contra eventuais desequilíbrios que possam surgir na fase de cumprimento obrigacional.

O artigo 437 do Código Civil português, em sua primeira parte, prevê que, "Se as circunstâncias em que as partes fundaram a decisão de contratar tiverem sofrido uma alteração anormal, tem a parte lesada direito à resolução do contrato, ou à modificação dele segundo juízos de equidade, desde que a exigência das obrigações por ela assumidas afete gravemente os princípios da boa-fé e não esteja coberta pelos riscos próprios do contrato".

De observar-se, inicialmente, que esse dispositivo legal tem como fundamento a teoria da base do negócio jurídico, em suas duas acepções (subjetiva e objetiva), já que se refere à alteração das circunstâncias que motivaram as partes a realizar o negócio e, portanto, a celebrar contrato específico com características, álea e finalidade próprias, que lhe são típicas.[104] Além disso, essa norma não exige que a alteração das circunstâncias seja decorrente de acontecimentos imprevisíveis, não adotando, portanto, a teoria da imprevisão nem os inconvenientes que a acompanham.

José de Oliveira Ascensão[105] destaca a aproximação substancial da base do negócio e da cláusula *rebus sic stantibus*, e esclarece: "A base do negócio coloca-nos em boa posição para apreciar objetivamente a quebra do equilíbrio contratual, sem necessidade de procurar deficiências na vontade das partes", bastando a "verificação de que todo o acordo está historicamente situado e é inseparável do circunstancialismo que o fundamenta. Há sempre um estado de coisas que é constitutivo de qualquer acordo. Esse estado de coisas reflete-se no espírito das partes, mas isso não quer dizer que tenha de ser consciente. Pode ser que as partes nem dele se apercebam. E pode ser até que as partes julguem que uma

---

[104] A teoria da base do negócio será analisada adiante, no item dedicado aos fundamentos da revisão contratual.
[105] Direito Civil, Teoria Geral, vol. 3, cit., pp. 156 e 157.

variação é irrelevante, e se verifique depois que aquela circunstância, objetivamente, era a base daquele contrato".

Já Mário Júlio de Almeida Costa entende ser necessário que os contratantes tenham certa consciência da base do negócio, no momento de sua realização: "não parece exigível que a representação determinante de uma das partes constitua também causa determinante para a outra. Afigura-se necessário, todavia, que as circunstâncias em análise tenham de apresentar-se evidentes, segundo o fim típico do contrato. Quer dizer, devem encontrar-se na base do negócio, com consciência de ambos os contraentes ou razoável notoriedade (...) Importa, em síntese, que as circunstâncias determinantes para uma das partes se mostrem conhecidas ou cognoscíveis para a outra".[106]

O dispositivo legal, sob análise, exige que se trate de alteração anormal ou extraordinária, que não seja abrangida pelos riscos próprios do contrato, e confere à parte prejudicada pela alteração das circunstâncias as opções de requer a revisão ou a resolução do contrato. Autoriza a revisão judicial do contrato, efetuando-se a modificação de suas cláusulas e condições "segundo juízos de equidade", ou seja, permite a modificação equitativa das condições do contrato, a fim de se restabelecer o equilíbrio antes existente entre as prestações pactuadas.

Observa Mário Júlio de Almeida Costa que o "critério da anormalidade da alteração coincide nos resultados, via de regra, com o da imprevisibilidade. Porém, aquele afigura-se mais amplo do que este, permitindo, razoavelmente, conjugado com a boa-fé, estender a resolução ou modificação a certas hipóteses em que alterações anormais das circunstâncias, posto que previsíveis, afetem o equilíbrio do contrato (ex.: na locação de uma janela para assistir à passagem de um cortejo, pode ser previsível que este não se realize ou que mude de trajeto)". Acrescenta, ainda, que a "alteração anormal caracteriza-se pela excepcionalidade: é a anômala, a que escapa à regra, a que produz um sobressalto, um acidente, no curso ordinário ou série natural dos acontecimentos".[107]

Também elucida José de Oliveira Ascensão que a "alteração anormal relevante é aquela que puser em causa o equilíbrio contratual estabelecido pelas partes. (...) Uma determinada evolução só é relevante se recair

---

[106] Direito das Obrigações, cit., p. 337.
[107] Direito das Obrigações, cit., pp. 338 e 339.

sobre a base do negócio, por expressa indicação legal. Não é, porém, relevante se estiver dentro da álea normal do contrato, porque nesse caso não há neste sentido uma evolução anormal. Suscita-se neste domínio a problemática dos negócios aleatórios. Em princípio não são atingidos por este instituto. Mas podem sê-lo, se a variação exceder consideravelmente a margem de risco própria do contrato. Um contrato de seguro poderá ser atingido por uma evolução que torne anormalmente quase certo o risco de verificação (fora do âmbito normal de cobertura) ou que pelo contrário torne quase impossível a sua verificação. Do mesmo modo, uma operação sobre futuros em bolsa tem um risco próprio, mas não compreende já o risco resultante da proibição de semelhantes operações, por exemplo. (...) O momento decisivo é o da determinação do risco *próprio* do contrato – aquele risco que, naquelas peculiares circunstâncias, acompanha aquele contrato. O que exceder aquele risco ultrapassa a álea contratual. Por isso é tão delicada a exata determinação, que só pode ser feita em concreto, da medida em que um risco ultrapassa o que é próprio do contrato celebrado".[108]

Esse dispositivo legal refere-se, ainda, ao princípio da boa-fé como parâmetro a ser seguido no adimplemento contratual, de maneira que não estará autorizada a resolução ou a revisão do contrato se, após a alteração superveniente das circunstâncias e da base do negócio, o cumprimento obrigacional de uma das partes for condizente com o princípio da boa-fé objetiva ou não extrapolar os riscos que são próprios da espécie do contrato que foi celebrado.[109]

Também não será autorizada a resolução ou a revisão do contrato se a parte prejudicada estiver em mora no momento em que a alteração das circunstâncias ocorrer, conforme prevê o artigo 438 do Código Civil português. Porém, adverte José de Oliveira Ascensão: "Não é qualquer mora que tem essa consequência: só aquela que impediu que o contrato estivesse já cumprido. Assim, se num contrato com pagamento em prestações o devedor falhou uma prestação, e sobrevém uma alteração das circunstâncias, não a pode invocar com efeitos sobre a prestação

---

[108] Direito Civil, Teoria Geral, vol. 3, cit., pp. 164 e 165.
[109] No Direito português, o princípio da boa-fé também é fundamental e deve ser seguido na fase pré-contratual e no momento da formação do contrato, conforme dispõe o artigo 227 do Código Civil daquele país.

vencida. Mas já pode pedir a resolução ou a modificação do contrato para futuro".[110]

Relativamente ao princípio da boa-fé, António Manuel da Rocha e Menezes Cordeiro[111] assenta que reside nele "o âmago do dispositivo vigente quanto à alteração das circunstâncias. A boa-fé surge como conceito indeterminado que tende a exprimir o conjunto das valorações fundamentais do ordenamento vigente. (...) Pela lógica interna do artigo 437º/1 e pela do sistema, a boa-fé vai intervir:

- na determinação das circunstâncias que, a serem afetadas, desencadeiam todo o processo: a primeira parte do preceito fala, apenas, em circunstâncias; do seu conjunto depreende-se, no entanto, que serão apenas aquelas que, a modificarem-se, vão bulir gravemente, com a boa-fé (...);
- na concretização da anormalidade da alteração: modificações admissíveis à partida ou de significado menor não ferem, gravemente, a boa-fé;
- no prejuízo verificado: deve haver um dano considerável ou a exigência da obrigação assumida não vai afetar gravemente a boa-fé; torna-se difícil fixar um quantitativo percentual a partir do qual o dano é incompatível com a boa-fé; algumas decisões judiciais inculcam, no entanto, a ideia de prejuízos descomunais", "a ideia de que, para haver atentado grave à boa-fé, deve haver danos de vulto, considerando, como é natural, o valor do contrato em jogo;
- na área em que se deu o prejuízo: havendo flutuações particulares ligadas ao contrato, ultrapassáveis pela diligência do visado ou tratando-se de um negócio aleatório, qualquer dano aí localizado não impossibilita a exigência da obrigação assumida, em nome da boa-fé;
- no comportamento geral das partes: se foi estipulado ou, de algum modo, se se depreende do contrato, algum esquema para a eventualidade da alteração, não há atentado grave à boa-fé; muito pelo contrário: a própria boa-fé exige, então, o cumprimento do contrato".

---

[110] Direito Civil, Teoria Geral, vol. 3, cit., p. 169.
[111] Tratado de Direito Civil, vol. IX, Ed. Almedina, Coimbra, 3ª ed., 2017, pp. 688 a 690.

A segunda parte do artigo 437 do Código Civil português estabelece que, "Requerida a resolução, a parte contrária pode opor-se ao pedido, declarando aceitar a modificação do contrato nos termos do número anterior". Nesse ponto, adota solução semelhante à prevista no artigo 1.467 do Código Civil italiano, pois, no caso de ser requerida a resolução do contrato, possibilita ao contratante demandado que se oponha a ela e evite a extinção do negócio, declarando-se favorável à modificação equitativa das cláusulas e condições contratuais.

Procedendo-se à modificação do contrato atingido pela alteração das circunstâncias, a sua adaptação deve ser realizada "segundo juízos de equidade".[112]

A esse respeito, António Manuel da Rocha e Menezes Cordeiro elucida que a *"reductio ad aequitatem* implica uma adaptação do contrato, de acordo com bitolas jurídicas, ao que ele deveria ser para não afrontar gravemente a boa-fé. Assim, há que restabelecer um certo equilíbrio entre as prestações, procurando acompanhar as decisões das partes, reveladas pela interpretação. (...) A vontade das partes é sempre determinante: consoante o objetivo do contrato, as margens de lucro e de risco que os contratantes nele tenham inserido e o demais clausulado relevante, assim a modificação. Deve, em especial, ser sublinhado que a *reductio ad aequitatem* visa, pela teleologia do artigo 437º/1, apenas, evitar que a exigência da obrigação assumida contunda gravemente com os princípios da boa-fé. Está, pois, fora de questão uma modificação que permite, à parte lesada, realizar os lucros que previra e que, eventualmente, teriam sido computados, se não tivesse havido alteração das circunstâncias. A parte lesada que beneficia do artigo 437º/1, em termos de modificação, vai, sempre, sofrer algum prejuízo ou, pelo menos, um não-lucro; a vontade das partes, ínsita no tipo de contrato celebrado e acessível pela interpretação dirá se um, se outro e, na hipótese de prejuízo, qual o seu montante. A eficácia concreta da alteração tem, também, o maior relevo. A referência à equidade chama a atenção para a denominada justiça do caso concreto. O julgador, para proceder à *reductio ad aequitatem*, tem de ponderar a exata medida do dano, *in concreto*, provocado pela alteração, na esfera da parte lesada".[113]

---

[112] Artigo 437, primeira parte, do Código Civil português.
[113] Tratado de Direito Civil, vol. IX, cit., pp. 692, 698 e 699.

Informa o Jurista que, em Portugal, a "crise financeira e econômica de 2009/2014 suscitou um ciclo de aplicação da alteração das circunstâncias. (...) Grosso modo, podemos afirmar que os tribunais entenderam a crise como uma realidade apta a provocar a intervenção dos tribunais, ex 437º/1. Todavia, rodearam-se de diversas cautelas, com relevo para a natureza dos riscos em jogo, para a causalidade entre a crise e os danos e para a própria possibilidade de certas ocorrências para só com moderação, usar dos remédios permitidos pela lei".[114]

E exemplifica citando duas decisões judiciais: uma da Relação de Lisboa, de 14 de junho de 2012,[115] que apreciou caso de uma empresa fabricante de vinho que havia negociado uma abertura de crédito por seis meses, renovável se não houvesse oposição, surgiram múltiplas dificuldades derivadas daquela crise, o Banco pretendeu extinguir o contrato e impedir a sua renovação, e aquele tribunal, com fundamento no citado artigo 437/1, determinou a modificação do contrato e o transformou em mútuo a ser pago em oito anos, em trinta e duas prestações trimestrais; e a outra decisão do Supremo Tribunal de Justiça, de 10 de outubro de 2013,[116] que "num caso de *swap* de taxa de juros, concluído com uma pequena empresa sem experiência", "considerou que apesar de estar em causa um contrato de risco, este alcançara uma dimensão tão elevada, que ultrapassara qualquer margem prevista", justificando-se a resolução prevista no citado artigo 437/1.[117]

4.5. Inglaterra

No Direito inglês, não é comum a aplicação da teoria da imprevisão, e quando é aplicada, gera a resolução do contrato devido à ocorrência de impossibilidade jurídica ou física do seu objeto ou de impraticabilidade ou inviabilidade comercial de cumprimento das obrigações contratadas.

Nessas hipóteses, incide a teoria (*doctrine*) que o Direito inglês denomina de *frustration* ou teoria da impossibilidade de adimplemento, segundo a qual, as partes de um contrato são dispensadas do cumprimento de suas obrigações se, no curso da vigência do contrato, ocorrer

---

[114] Tratado de Direito Civil, vol. IX, cit., pp. 694 e 695.
[115] RLx, 14-jun.-2012 (Sérgio Almeida), Proc. 187/10.4.
[116] STJ, 10-out.-2013 (Granja da Fonseca), Proc. 1387/11.5.
[117] Tratado de Direito Civil, vol. IX, cit., p. 708.

um fato alheio à vontade das partes (sem qualquer culpa), que impossibilite ou torne inviável o adimplemento obrigacional, porque o objeto do contrato passou a ser ilegal ou ilícito, ou pereceu, ou porque a sua realização, após tal fato superveniente, produzirá um resultado radicalmente diferente do que foi contratado originariamente.

Essa teoria não se aplica, e não há dispensa do cumprimento obrigacional dos contratantes, quando ocorre alteração quantitativa na prestação e contraprestação. No Direito inglês, entende-se que variações de custos e de valores devem ser esperadas e previstas pelas partes contratantes, com a estipulação prévia de soluções que possam manter a contratação e seu cumprimento no futuro, mediante previsão expressa ou tácita da alocação dos riscos. Em não o fazendo, presume-se que as partes aceitaram algum grau de risco anormal, mesmo que se trate de evento inesperado e impraticável que frustre o adimplemento das obrigações contratadas.

Observa Neil Andrews[118] que "A teoria da imprevisão é restritiva. Não é suficiente que a execução do contrato se torne inesperadamente difícil ou onerosa para uma ou ambas as partes. Os tribunais não liberarão uma das partes pela simples ocorrência de eventos onerosos. Os juízes ingleses não tem o poder geral de liberar as partes de suas obrigações com fundamento em dificuldades surgidas após a celebração do contrato. Circunstâncias agravantes, por exemplo, mesmo uma crise comercial para uma das partes interessadas, não levarão à aplicação da teoria da imprevisão, salvo se o teste proposto pelo *Lord Radcliffe*, no caso *Davis Contractors Ltd v. Fareham UDC* (1956),[119] possa ser satisfeito: '*a aplicação da teoria da imprevisão ocorre sempre que a lei reconhecer que, sem a negligência de qualquer das partes, a obrigação torna-se impossível de ser cumprida, porque as circunstâncias nas quais o cumprimento é exigido a transformam em algo completamente diferente do que foi inicialmente contratado. Non haec in foedera veni. Não foi isso que eu prometi fazer*'."

No mesmo sentido, ressalta Ralph Wynne-Griffiths[120] que "O princípio geral em que o direito contratual inglês se baseia é o de que as obrigações

---

[118] Direito Contratual na Inglaterra, Ed. Revista dos Tribunais, São Paulo, 2012, p. 234.
[119] *Davis Contractors Ltd v. Fareham UDC* [1956] AC 696, 729, HL, por *Lord Radcliffe*.
[120] Les modifications du contrat au cours de son exécution en raison de circonstances nouvelles, Coordenador René Rodiere, cit., pp. 145 a 156, especialmente p. 146: *Le principe général sur lequel le droit anglais des contrats est fondé est que les obligations contractuelles sont absolues. Les*

contratuais são absolutas. Os tribunais não têm o poder de modificar os termos de um contrato para corrigir o desequilíbrio causado pela ocorrência de eventos inesperados. Há uma exceção em que o contrato cessa com a aplicação da teoria da *frustration*. De acordo com essa teoria, um contrato pode ser rescindido se, após sua conclusão, ocorrerem eventos que tornem a execução das prestações ilegal, impossível ou comercialmente improdutiva".

E acrescenta que "Os tribunais são extremamente relutantes em aplicar a teoria da *frustration* no caso de a ocorrência de imprevistos tornar a prestação contratual mais onerosa ou mais pesada do que o esperado por uma das partes. Um aumento ou diminuição anormal do preço, uma depreciação monetária repentina ou um obstáculo inesperado não afetará o negócio concluído pelas partes; pressupõe-se que esses riscos tenham sido aceitos e compartilhados pelas partes".[121]

F. R. Davies[122] elucida e analisa as hipóteses de impossibilidade superveniente de cumprimento do contrato. Relativamente à impossibilidade física, cita o caso *Taylor v. Caldwell*, em que houve o perecimento do objeto, sem culpa das partes contratantes. Foi disponibilizado em locação um espaço para realização de concertos e eventos musicais, o qual depois foi totalmente destruído por um incêndio, impossibilitando, assim, a realização de tais eventos.[123]

Refere-se, ainda, à hipótese de indisponibilidade, ainda que temporária, de uma das partes ou do objeto do contrato, decorrente de alguma

Cours n'ont pas le pouvoir de modifier les clauses d'un contrat en vue de rectifier le déséquilibre entrainé par la survenance d'événements inattendus. Il existe une exception dans le cas ou le contrat prend fin par application de la doctrine de la "frustration". Selon cette doctrine, un contrat peut être résolu si, après sa conclusion, surviennent des événements qui rendent l'exécution des prestations illégale, impossible ou commercialement stérile.

[121] Les modifications du contrat, cit., p. 147: *Les Cours sont extrêmement réticentes à appliquer la doctrine de la "frustration" dans le cas ou l'arrivée d'événements imprévus rend la prestation contractuelle plus onéreuse ou plus lourde que celle qui était espérée par l'une des parties. Une augmentation ou une baisse anormale de prix, une soudaine dépréciation monétaire ou un obstacle inattendu n'atteindront pas le marché conclu par les parties; on présume que de tels risques ont été acceptés et partagés par les parties.*

[122] Contract, Ed. Sweet & Maxwell, Londres, 5ª ed., 1986, pp. 249 a 251.

[123] Ver, ainda, W. T. Major, The Law Of Contract, Ed. Macdonald & Evans Ltd., Londres, 1965, pp. 154 e 155, e Cases In Contract Law, Ed. Macdonald & Evans Ltd., Londres, 1977, pp. 163 e 164; Neil Andrews, Direito Contratual na Inglaterra, cit., pp. 236 e 237.

causa estranha; assim, uma empresa de fretamento pode ser desobrigada se o navio estiver danificado ou se encalhar a caminho do porto de carregamento e não for totalmente reparado a tempo de realizar o transporte contratado; um contrato de prestação de serviço pode ser resolvido se uma das partes ficar doente, for internada ou convocada para o serviço militar.[124]

No tocante à impossibilidade jurídica, observa que um contrato cessa por *frustration*, se o seu cumprimento tornar-se ilegal por força de legislação aprovada após a sua celebração, em razão da qual reste vedado o seu objeto ou determinada obrigação nele entabulada. O mesmo ocorre no caso de eclosão de uma guerra e um fornecedor tenha obrigação de entregar mercadorias ou equipamentos em local que foi ocupado pelo inimigo, surgindo, assim, uma situação de ilegalidade, pois o adimplemento obrigacional levaria tal fornecedor a praticamente "negociar com o inimigo".[125]

Quanto à inviabilidade superveniente do contrato, cita o caso *Krell v. Henry* (1903), em que a locação de um quarto, especificamente para o locatário assistir ao desfile de coroação do Rei Eduardo VII, das janelas da sala do imóvel, restou frustrada devido ao adiamento da coroação por ter o Rei adoecido.[126]

Nesse caso, embora não tenha se tornado impossível ou ilegal, o contrato de locação perdeu sentido e deixou de ter qualquer utilidade para o locatário, uma vez que o desfile de coroação não mais seria realizado nas duas datas estipuladas no contrato. Aplicou-se a teoria da *frustration*, porque um "estado de coisas", que era essencial ao contrato, deixou de existir e, por isso, o prosseguimento daquela locação produziria um

---

[124] Contract, cit., pp. 249 e 250, citando os casos *Jackson v. Union Marine Insurance Co. Ltd.* (1874) e *Morgan v. Manser* (1948); Ver, ainda, Neil Andrews, Direito Contratual na Inglaterra, cit., p. 238.

[125] Contract, cit., p. 250; Ver, ainda, Neil Andrews, Direito Contratual na Inglaterra, cit., p. 236, que cita o caso *Fibrosa Spolka Akcyjna v. Fairbairn Lawson Combe Barbour* (1943), em que um contrato de fornecimento, por uma empresa inglesa, de equipamentos para um porto na Polônia tornou-se impossível de ser cumprido quando as forças alemãs tomaram o controle da Polônia; e W. T. Major, Cases In Contract Law, cit., pp. 172 e 173.

[126] Contract, cit., pp. 250 e 251; Ver, ainda, W. T. Major, Cases In Contract Law, cit., pp. 167 e 168; Neil Andrews, Direito Contratual na Inglaterra, cit., p. 242.

resultado radicalmente diferente do que havia sido contratado originariamente pelas partes.

Portanto, no Direito inglês, a *frustration* ocorre em hipóteses de impossibilidade superveniente de execução obrigacional, e não porque alterações nas circunstâncias negociais geraram desequilíbrio entre prestação e contraprestação e seu adimplemento, nessa nova situação, pode levar a um enriquecimento injustificado de uma das partes em detrimento da outra.

5.
Onerosidade Excessiva

5.1. Conceito

Esclarece Augusto Pino[127] que existem duas formas de determinar a noção de onerosidade: valorando-a levando-se em consideração o sujeito do devedor ou valorando-a tendo em vista a contraprestação existente no contrato. No primeiro caso, a onerosidade referir-se-ia ao esforço que deve realizar o sujeito (devedor) para executar a prestação devida, e indicaria, desse modo, o que se denomina de carga. No segundo caso, a onerosidade adquiriria um significado profundamente distinto, posto que, devendo ser valorada tendo em vista a contraprestação, viria a indicar o desequilíbrio entre o valor da prestação devida e o da contraprestação.

Observa esse professor italiano que, ao falar-se de sujeito ou de contraprestação, adota-se uma fórmula concisa para indicar uma proporção. Ao falar do sujeito, nos referimos à proporção estabelecida entre dois termos: um constituído pelo sacrifício que custava a execução e o resultado que, com ela, se pretendia perseguir originariamente; e o outro constituído pelo sacrifício que custa a mesma execução e o resultado que, na realidade, se persegue.[128]

Elucida, ainda, que, ao falarmos de contraprestação, nos referimos à proporção existente entre a relação da prestação com a contraprestação,

---

[127] La Excesiva Onerosidad de la Prestacion, cit., p. 23.
[128] La Excesiva Onerosidad de la Prestacion, cit., pp. 23 e 24.

tal como aparece na origem, e a mesma relação, tal como subsiste no momento da demanda de resolução. E complementa que a doutrina tem escolhido, geralmente, a segunda solução[129], sustentando que, para a certeza das relações jurídicas, a onerosidade deve valorar-se adotando critérios objetivos, e não subjetivos.[130]

Assim, independentemente da situação financeira do devedor e do sacrifício que este sofrerá para o cumprimento de sua obrigação, deve ser analisada a proporcionalidade entre a prestação e a contraprestação originárias, ou seja, existentes no momento da formação do contrato, e a mesma proporcionalidade, após a superveniência do fato modificador do conteúdo econômico do contrato.

Se entre as prestações originária e atual do devedor existir uma diferença considerável, que proporcione ao credor um grande e injustificado lucro ou acarrete ao devedor uma grave perda, estar-se-á diante de uma onerosidade excessiva.

Pode-se dizer, portanto, que onerosidade excessiva é a desproporcionalidade exagerada da prestação (relativamente à contraprestação), que leva à impossibilidade ou insuportabilidade do cumprimento obrigacional. É a quebra do equilíbrio econômico ou patrimonial que deve existir entre prestação e contraprestação. E quando a desproporcionalidade surge após a conclusão do negócio, deve representar alteração que supera em muito a álea normal do contrato.

Cumpre esclarecer que a onerosidade excessiva não provoca, necessariamente, a impossibilidade absoluta de cumprimento da obrigação, pois, em alguns casos, o contratante possui condição financeira de adimplir o contrato, mesmo estando sua prestação excessivamente onerosa, mediante a alienação de todo seu patrimônio, ou de grande parte dele, criando uma insuportabilidade para ele contratante.

A onerosidade excessiva pode caracterizar-se no momento da formação do contrato ou durante sua fase de execução (fase de cumprimento das obrigações pactuadas). E nesses casos, deve haver uma tutela adequada para que o contrato não sirva de instrumento para obtenção de ganhos

---

[129] Ou seja, a que analisa a contraprestação originária e a existente após a superveniência do fato modificador da economia contratual.
[130] La Excesiva Onerosidad de la Prestacion, cit., p. 24.

exagerados e injustificados às custas de outrem ou para aniquilamento patrimonial ou ruína financeira de um dos contratantes.

Quando a onerosidade excessiva já se faz presente no momento da realização do negócio, ocorre a chamada lesão, que se caracteriza quando o desequilíbrio exagerado é originário, ou seja, existe desde o momento da formação do contrato, em que uma das partes, por encontrar-se em estado de necessidade, concorda com a realização de um negócio que lhe é extremamente ruinoso. Nesse caso, autoriza-se a anulação do contrato, voltando as partes ao estado anterior (*statu quo ante*).

De outro lado, evidencia-se a onerosidade excessiva superveniente quando o desequilíbrio contratual surge em razão de fato novo, alheio à vontade das partes, que atinge o contrato em fase de cumprimento, alterando bruscamente e de forma substancial seu conteúdo econômico. Nessa hipótese, deve ser permitida a revisão do contrato, a fim de que seja reparado o desequilíbrio mediante a alteração das cláusulas e condições que o estejam provocando. Entretanto, se o acontecimento for imputável a uma das partes, evidencia-se a quebra do contrato e a parte faltosa deve arcar com as consequências dessa rescisão.

5.2. Natureza jurídica

Cumpre analisar a natureza jurídica da onerosidade excessiva, tipificando-a e verificando a sua posição no sistema jurídico em que se encontra.

Em um primeiro momento, a onerosidade excessiva é um fato jurídico, já que constitui uma situação de fato caracterizada pela desproporcionalidade e desequilíbrio entre as prestações, ocorrida no curso de execução do contrato e que produz efeitos jurídicos relevantes, já que impossibilita ou torna insuportável a um dos contratantes o cumprimento obrigacional, levando à revisão ou à resolução do contrato.

Realmente, a onerosidade excessiva é consequência da alteração das circunstâncias negociais e da economia contratual, alteração essa que, por sua vez, decorre de outro fato jurídico não imputável às partes contratantes, como, por exemplo, um plano econômico, uma medida provisória ou outro ato governamental, uma alteração mercadológica anormal, uma acentuada oscilação cambial ou de índice de correção monetária etc..

Existe, pois, um complexo de fatos jurídicos que acarretam a onerosidade excessiva, que é uma situação de desequilíbrio entre as prestações estipuladas no contrato, sendo, assim, também um fato jurídico.

De outro lado, como autoriza a revisão ou a resolução do contrato, a onerosidade excessiva pode ser considerada um instituto jurídico que traz soluções aos casos de desequilíbrio contratual que não são abrangidos pela teoria da imprevisão, por serem decorrentes de fatos previsíveis, ou seja, que podem ocorrer, mas não são esperados pelas partes contratantes, pois, se o fossem, as mesmas certamente não celebrariam o contrato ou realizariam o negócio com diferentes termos e condições.

Para solucionar esses casos de desequilíbrio contratual superveniente, provocado por fato previsível, deve ser aplicado o instituto da onerosidade excessiva que, aliado ao princípio da boa-fé objetiva, autoriza a revisão do contrato de maneira que seja afastada a injusta desproporcionalidade. E não sendo possível tal revisão, permite que seja decretada a resolução e consequente extinção da avença.

Assim, embora a onerosidade excessiva da prestação seja um dos pressupostos de aplicação da teoria da imprevisão, pode ser destacada como instituto jurídico autônomo pertencente ao Direito Contratual.

De ponderar-se que a onerosidade excessiva não pode ser considerada um princípio jurídico, por se tratar de uma situação negativa que deve ser evitada e, quando existente, sanada. De fato, a onerosidade excessiva implica o desequilíbrio da relação jurídica contratual, desequilíbrio esse que deve ser reparado com a revisão do contrato.

Os princípios jurídicos possuem um valor positivo e representam um parâmetro a ser seguido, como, por exemplo, a força obrigatória do contrato, a sua relatividade perante terceiros, a boa-fé objetiva, o equilíbrio contratual, entre outros.

Como elucida Maria Helena Diniz,[131] os princípios gerais de direito são diretrizes, "normas de valor genérico que orientam a compreensão do sistema jurídico, em sua aplicação e integração, estejam ou não positivadas".

A onerosidade excessiva não pode ser considerada um parâmetro, uma norma padrão a ser seguida, pois é prejudicial à relação jurídica e vai de encontro ao princípio do equilíbrio contratual.

---

[131] Lei de Introdução ao Código Civil Brasileiro Interpretada, Ed. Saraiva, São Paulo, 5ª ed., 1999, pp. 124 e 129. Essa lei interpretada na obra passou a ser denominada Lei de Introdução às normas do Direito Brasileiro, mantido seu número, conforme redação dada pela Lei nº 12.376/2010.

Portanto, a onerosidade excessiva deve ser considerada um instituto jurídico autônomo, desvinculado da teoria da imprevisão, e que, sendo superveniente à celebração do contrato de execução continuada, autoriza a revisão de suas cláusulas e condições para o restabelecimento do equilíbrio inicial.

5.3. Fundamentos para revisão ou resolução contratual por excessiva onerosidade superveniente

A onerosidade excessiva e o desequilíbrio contratual supervenientes, provocados por fato que atinge o contrato em curso de execução e altera seu conteúdo econômico, criam a impossibilidade ou insuportabilidade de cumprimento obrigacional para uma das partes contratantes, motivo pelo qual devem determinar a revisão do contrato, e não sendo ela possível, a sua resolução.

E existem alguns princípios de direito contratual e teorias que são destacados e analisados adiante, e que servem de fundamento para a revisão dos contratos cujas prestações tenham se tornado excessivamente onerosas, em virtude de fato superveniente, alheio à vontade das partes contratantes, que alterou as circunstâncias negociais.

5.3.1. Princípio da boa-fé objetiva

Antes de tratar da boa-fé objetiva, necessária se faz uma breve consideração sobre a boa-fé em sentido geral e a boa-fé subjetiva, que é, em princípio, um estado de espírito.

5.3.1.1. Boa-fé

Como informa Silvio de Macedo[132], a boa-fé tem origem no latim *bona fides*, que significa fidelidade, crença, confiança, sinceridade, convicção interior, e é equiparável à equidade, opondo-se à má-fé, que significa malícia, engano, dolo.

A boa-fé apresenta, pois, dois sentidos diversos: o "subjetivo" e o "objetivo".

---

[132] "Boa-Fé – II", verbete *in* Enciclopédia Saraiva do Direito, vol. 11, Ed. Saraiva, São Paulo, 1978, pp. 495 a 498, especialmente pp. 495.

5.3.1.2. Boa-fé subjetiva

A boa-fé subjetiva é o estado psicológico da pessoa que acredita estar em uma situação regular. Atua com boa-fé subjetiva a pessoa que acredita estar agindo corretamente, mas, em verdade, sua atuação é irregular, irregularidade essa ignorada por ela, ou seja, a pessoa desconhece as reais circunstâncias do ato praticado; ela ignora que está lesando direito de outrem. Por exemplo, o possuidor de boa-fé que ignora estar lesando os direitos do proprietário do imóvel.

A boa-fé subjetiva envolve, pois, um elemento psicológico, uma "errônea representação intelectiva da realidade", nas palavras de Jose Antonio Molleda.[133]

Antonio Junqueira de Azevedo[134] ensina que a boa-fé subjetiva é "entendida como um estado psíquico de conhecimento ou desconhecimento, de intenção ou falta de intenção, que serve para aquisição de direitos", exemplificando com as hipóteses de aquisição *a non domino*, mas de boa-fé (artigo 1.268 do Código Civil);[135] de direito do possuidor de boa-fé a frutos e benfeitorias (artigos 1.214 e 1.219 do Código Civil);[136] de direitos do cônjuge de boa-fé no casamento putativo (artigo 1.561 do Código Civil);[137] e do pagamento feito de boa-fé ao credor putativo (artigo 309 do Código Civil).[138]

---

[133] La Presunción de Buena Fe, *in* Revista de Derecho Privado, Ed. Revista de Derecho Privado, Madrid, Tomo XLVI, pp. 367 a 400, especialmente p. 370, *apud* Teresa Negreiros, Fundamentos para uma Interpretação Constitucional do Princípio da Boa-Fé, Ed. Renovar, Rio de Janeiro, 1998, p. 12.

[134] Responsabilidade Pré-Contratual, cit., p. 124.

[135] Artigo 1.268, *caput*: "Feita por quem não seja proprietário, a tradição não aliena a propriedade, exceto se a coisa, oferecida ao público, em leilão ou estabelecimento comercial, for transferida em circunstâncias tais que, ao adquirente de boa-fé, como a qualquer pessoa, o alienante se afigurar dono".

[136] Artigo 1.214: "O possuidor de boa-fé tem direito, enquanto ela durar, aos frutos percebidos". Artigo 1.219: "O possuidor de boa-fé tem direito à indenização das benfeitorias necessárias e úteis, bem como, quanto às voluptuárias, se não lhe forem pagas, a levantá-las, quando o puder sem detrimento da coisa, e poderá exercer o direito de retenção pelo valor das benfeitorias necessárias e úteis".

[137] Artigo 1.561, *caput*: "Embora anulável ou mesmo nulo, se contraído de boa-fé por ambos os cônjuges, o casamento, em relação a estes como aos filhos, produz todos os efeitos até o dia da sentença anulatória".

[138] Artigo 309: "O pagamento feito de boa-fé ao credor putativo é válido, ainda provado depois que não era credor".

Outro exemplo é o da posse para fins de usucapião, posse essa que precisa ser de boa-fé. Segundo o disposto no artigo 1.201 do Código Civil, "É de boa-fé a posse, se o possuidor ignora o vício, ou o obstáculo que impede a aquisição da coisa".

No mesmo sentido, esclarece Teresa Negreiros[139] que a boa-fé subjetiva configura um estado psicológico do agente; pode ser caracterizada como crença errônea, credulidade daquele que desconhece as reais circunstâncias do ato praticado.

Com a mesma propriedade, elucida Judith Martins-Costa:[140] "Diz-se subjetiva a boa-fé compreendida como estado psicológico, isto é: estado de consciência caracterizado pela ignorância de se estar a lesar direitos ou interesses alheios, como na hipótese prevista pelo art. 686 do Código Civil; ou a convicção de estar agindo em bom direito, consoante, por exemplo, a previsão do art. 309, também do Código Civil, atinente à eficácia liberatória do pagamento; ou, ainda, o prolongamento da eficácia, perante terceiros, de certos atos de quem já deixara de ser mandatário (Código Civil, art. 686); ou a outras situações relativas à *tutela da aparência* tais como às eficácias do casamento putativo e demais situações de crença errônea, mas justificável, na aparência de certo ato ou *status* (*v.g.*, herdeiro aparente). Nesses casos, protege-se a crença legítima na juridicidade de certos estados, fatos, atos ou comportamentos, como quando se assegura – em outro exemplo – a posse, se ignorava o possuidor obstáculo que impede a aquisição da coisa (Código Civil, art. 1.201)".[141]

---

[139] Fundamentos para uma Interpretação Constitucional do Princípio da Boa-Fé, cit., p. 14.
[140] A Boa-fé no Direito Privado – Critérios para a sua aplicação, Ed. Saraiva Jur, São Paulo, 2ª ed., 2ª tiragem, 2018, pp. 279 e 280. Ver, ainda, da mesma autora, Sistema e Cláusula Geral – A Boa-Fé Objetiva no Processo Obrigacional, Tese de Doutorado apresentada na Faculdade de Direito da Universidade de São Paulo, em setembro de 1996, p. 505: "A boa-fé subjetiva denota, portanto, primariamente, a ideia de ignorância, de crença errônea, ainda que escusável, acerca da existência de uma situação regular, crença (e ignorância escusáveis) que repousam seja no próprio estado (subjetivo) da ignorância (as hipóteses do casamento putativo, da aquisição da propriedade alheia mediante a usucapião), seja numa errônea aparência de certo ato (mandato aparente, herdeiro aparente, etc.)".
[141] Código Civil: Artigo 309 – "O pagamento feito de boa-fé ao credor putativo é válido, ainda provado depois que não era credor". Artigo 686, *caput* – "A revogação do mandato, notificada somente ao mandatário, não se pode opor aos terceiros que, ignorando-a, de boa-fé com ele trataram; mas ficam salvas ao constituinte as ações que no caso lhe possam

E conclui: "Assim, sinteticamente, é lícita a fórmula: pela expressão *boa-fé subjetiva* trata-se ou de designar um fato pelo qual um sujeito tem a convicção, ainda que errônea, de estar a respeitar o Direito, pois crê na legalidade da situação; ou de indicar a situação de um terceiro que deve ser protegido porque confiou – legitimamente – na aparência de certo ato. Em todas as situações, há um estado de fato, a crença legítima, de modo que a boa-fé subjetiva tem o sentido de uma condição psicológica denotando uma situação fática habitualmente concretizada no convencimento do próprio direito, ou na ignorância de se estar lesando direito alheio ou, ainda, numa crença errônea, mas justificável".[142]

Nos casos em que é necessária a demonstração da boa-fé subjetiva, como ocorre com a usucapião ordinária, é preciso analisar essa subjetividade, ou seja, se a pessoa conhecia ou desconhecia o vício que levaria à nulidade ou anulação do ato praticado. O fato de não ter havido intenção, ou de ser desconhecido determinado vício, é que determina se a pessoa agiu com boa-fé subjetiva. Se teve intenção ou sabia do vício, aplica-se a devida sanção.

Entretanto, nas relações jurídicas contratuais, dificilmente será possível a comprovação de que determinado contratante estava com a intenção específica de prejudicar o outro contratante, de levá-lo à ruína ou de se aproveitar de sua ignorância ou inexperiência.

Mesmo porque, no mundo competitivo dos negócios, muitas vezes não há intenção específica de lesar ou prejudicar a parte que está "do outro lado do contrato", mas, sim, a intenção de obter mais vantagens, lucros e mais riqueza, de tirar o maior proveito possível das atividades empresariais e das relações negociais.

É muito comum, no meio empresarial, as pessoas quererem se aproveitar de determinadas situações, por exemplo, da ignorância, desconhecimento ou ingenuidade de outrem; do desconhecimento técnico de uma informação importante; da desatenção quanto a determinada obrigação que nunca foi ventilada, nas tratativas que antecederam a celebração do contrato; enfim, agindo com egoísmo e deslealdade.

---

caber contra o procurador". Artigo 1.201, *caput* – "É de boa-fé a posse, se o possuidor ignora o vício, ou o obstáculo que impede a aquisição da coisa".
[142] A Boa-fé no Direito Privado, cit., p. 280.

Ainda que exista a intenção de prejudicar o outro contratante, é muito difícil a sua comprovação, pois seria necessário verificar o "processo mental" ocorrido na consciência da pessoa.

Nesse sentido, elucida Caio Mário da Silva Pereira[143]: "Dada sua subjetividade absoluta, torna-se difícil pesquisá-la, porque resulta de um *processus* levado a efeito na consciência do respectivo autor, que nem sempre transparece em ações concretas. Como coisa puramente interna, não se prova diretamente. Ora, o direito moderno, em suas tendências objetivas, repele razoavelmente a inquirição da causa que motiva os atos humanos, formando-se em abono deste sentir forte corpo de juristas, do tomo de Jhering, Savigny, Josserand, Windscheid, Crome e outros."

E continua esse Professor, referindo-se à boa-fé subjetiva: "Se sua apuração é difícil, sua noção é imprecisa. Os autores, de um modo geral, adotam duplo critério, ao conceituá-la: *positivo* e *negativo*. Uns entendem que ela se resume na falta de consciência de que dado ato a qualquer causará dano: boa-fé será ausência de vontade de prejudicar, ausência de má-fé. Outros pensam que não basta agir alguém sem malícia para invocá-la: é preciso que esteja na convicção de que procede com lealdade, convicção da existência do próprio direito. Nem a própria incerteza, acentuam estes, é suficiente: aquele que duvida de seu direito, e mesmo assim age, obra de má-fé, porque a dúvida exclui a convicção, elemento imprescindível. É claro que, na maioria das vezes, só uma atitude de lealdade positiva revela boa-fé. Mas outras podem apresentar-se que fazem presumi-la da simples ausência de infidelidade. É que os dois caracteres não são antagônicos, embora nominalmente se repilam: muitas vezes, os dois elementos – ausência de malícia e convicção da existência do próprio direito – são um e mesmo, e pelo mesmo fato se exteriorizam. O que é preciso é a manifestação de uma vontade inequívoca de conformar-se ao direito".[144]

Por isso que é importante analisar, objetivamente, as relações contratuais, estabelecendo limites à autonomia da vontade, para que se evitem situações de desequilíbrio e de injustiça, decorrentes do exercício

---

[143] "Boa-Fé – I", verbete *in* Enciclopédia Saraiva do Direito, Ed. Saraiva, São Paulo, vol. 11, 1978, pp. 485 a 495, especialmente p. 487.
[144] "Boa-Fé – I", cit., p. 487.

abusivo de direitos, protegendo-se, dessa forma, a parte mais fraca da relação jurídica; e esse é o papel da boa-fé objetiva, conforme se verá adiante.

O princípio da boa-fé objetiva, incidindo em todas as fases contratuais, autoriza o Magistrado a examinar, objetivamente, a conduta dos contratantes, se uma delas foi reprovável, por ser contrária ao comportamento normal e correto de uma pessoa comum honrada, por falta de lisura, lealdade, retidão, e, consequentemente, com base nesse comportamento, tomar providências para corrigir e coibir eventuais abusividades verificadas na relação contratual, decretando a ineficácia de determinada cláusula, a revisão ou, ainda, a anulação do contrato. Isso, independentemente da subjetividade (intenção ou conhecimento) do contratante beneficiado com a abusividade.

5.3.1.3. Boa-fé objetiva

A boa-fé objetiva é uma norma de comportamento baseada na lealdade, fidelidade, honestidade, cooperação e no respeito, que devem nortear todas as relações jurídicas, principalmente as contratuais.

Segundo o princípio da boa-fé objetiva, as partes devem atuar de maneira correta, não devem aproveitar-se, indevidamente, de alguma fraqueza, de alguma dificuldade ou de algum desconhecimento da outra parte contratante. As mesmas partes devem preocupar-se com o parceiro contratual e devem respeitar seus interesses legítimos e suas expectativas razoáveis.

Como explica Cláudia Lima Marques[145], a boa-fé objetiva é um *standard*, um parâmetro objetivo, genérico, que não depende da má-fé subjetiva (estado psicológico) do fornecedor "A" ou "B", mas, sim, de um patamar geral de atuação, do homem médio, do bom pai de família que agiria de maneira normal e razoável, naquela situação analisada.

E conclui essa Professora: "Boa-fé objetiva significa, portanto, uma atuação 'refletida', uma atuação refletindo, pensando no outro, no parceiro contratual, respeitando-o, respeitando seus interesses legítimos, suas expectativas razoáveis, seus direitos, agindo com lealdade, sem abuso, sem obstrução, sem causar lesão ou desvantagem excessiva, cooperando

---

[145] Contratos no Código de Defesa do Consumidor, cit., pp. 221 e 222.

para atingir o bom fim das obrigações: o cumprimento do objetivo contratual e a realização dos interesses das partes".[146]

É, portanto, um *standard*, um parâmetro genérico que deve ser seguido para harmonizar os interesses das partes da relação contratual. Por isso, a boa-fé objetiva é considerada uma "cláusula geral" que está presente em todas as relações contratuais, exigindo das partes um respeito mútuo aos direitos de cada qual, o exercício de seus direitos contratuais sem abuso, a atuação sem abusar de sua posição contratual preponderante e sem criar falsas expectativas à outra parte contratante.

Como o princípio da boa-fé objetiva exige que as pessoas se comportem corretamente, que ajam com lealdade, honestidade, transparência e cooperação, ele cria para as partes contratantes deveres que são denominados "deveres anexos", que ficam implícitos como parte integrante do contrato, como se nele expressamente estabelecidos.

Nesse sentido, Antonio Junqueira de Azevedo[147] explica que "a cláusula geral da boa-fé, como norma de comportamento, cria, para as partes, deveres positivos e negativos", e destaca, entre os positivos, o dever de colaboração (inclusive de informação) e, entre os negativos, o dever de lealdade, incluindo o dever de sigilo ou de confidencialidade, que consiste em não revelar informações sigilosas obtidas em confiança.

Observa esse Professor que, já na década de 30, Demogue justificava a necessidade desses deveres, salientando que, nos contratos, as partes formam como que um microcosmo ou uma pequena sociedade, em que atuam conjuntamente para alcançar um objetivo comum, que é a soma dos seus objetivos individuais.[148]

Demonstrando essa necessidade, Cláudia Lima Marques adverte que "Liberar os contratantes de cumprir seus deveres gerais de conduta, significaria afirmar que na relação contratual os indivíduos estão autorizados a agir com má-fé, a desrespeitar os direitos do parceiro contratual, a não agir lealmente, a abusar no exercício de seus direitos contratuais, a abusar de sua posição contratual preponderante", "autorizando a 'vantagem excessiva' ou a lesão do parceiro contratual somente porque as partes firmaram um contrato, escolhendo-se mutuamente de maneira livre no

---

[146] Contratos no Código de Defesa do Consumidor, cit., p. 222.
[147] Responsabilidade Pré-Contratual, cit., pp. 125 e 126.
[148] Responsabilidade Pré-Contratual, cit., p. 126.

mercado. A relação contratual não libera os contraentes de seus deveres de agir conforme a boa-fé e os bons costumes, ao contrário, a vinculação contratual os impõem, os reforça!"[149]

Alguns autores, notadamente os italianos, referem-se à "boa-fé contratual", que nada mais é do que a boa-fé objetiva como dever de conduta contratual. Explica Francesco Galgano[150] que se fala em boa-fé contratual para distinguir esse conceito de boa-fé como dever de comportamento daquele outro da boa-fé como estado subjetivo (psicológico).

Aliás, elucida esse autor italiano que a boa-fé contratual exprime o dever das partes contraentes de comportar-se com "correttezza" (correção; honestidade; comportamento correto) e lealdade, e que o dever geral de boa-fé contratual tem a função de preencher as inevitáveis lacunas legislativas, pois a lei, ainda que seja minuciosa, não pode prever todas as situações possíveis; não pode prevenir sempre, com norma apropriada, os abusos que as partes possam cometer, uma causando dano à outra. Salienta, ainda, que o princípio geral da "correttezza" e da boa-fé permite identificar outras proibições e outras obrigações além daquelas previstas na lei; realiza o "fechamento" do sistema legislativo, ou seja, oferece critérios para preencher as lacunas que podem revelar-se na variedade e multiplicidade das situações da vida econômica e social.[151]

Também referindo-se à boa-fé, no direito contratual, pondera Miguel Maria de Serpa Lopes[152] que "O contrato é respeitável, mas em função da solidariedade humana. Cessa de ter força obrigatória uma convenção, quando se põe em contradição com os interesses gerais. Num contrato, o essencial é o fim a ser atingido, afirma DEMOGUE, e MALLIEUS quer que a assunção de uma obrigação esteja na medida do que se previu. Não se pode efetivamente querer aquilo que se ignorava. O duro conceito romano do – *attamen coactus voluit* – não está mais em voga. Não é de equidade fazermos o que jamais havíamos pensado de fazer. O respeito absoluto ao contrato é uma idéia contrária à sua finalidade econômica".

Portanto, o princípio sob cogitação exige dos contratantes uma conduta correta, de acordo com os padrões normais de atuação, que não seja

---

[149] Contratos no Código de Defesa do Consumidor, cit., p. 224.
[150] Diritto Privato, Ed. Cedam, Padova, 9ª ed., 1996, p. 342.
[151] Diritto Privato, cit., pp. 341 e 342.
[152] Curso de Direito Civil, cit., p. 126.

prejudicial nem lesiva aos interesses legítimos de cada qual. Não pode um contratante querer beneficiar-se de uma situação que vai prejudicar o outro, de maneira que age contrariamente ao princípio da boa-fé objetiva o credor que, mesmo diante do desequilíbrio contratual superveniente, ficando o devedor excessivamente onerado, insiste na manutenção das cláusulas e condições do contrato e no cumprimento da obrigação na forma pactuada.

Ressalte-se, ainda, que o Código de Defesa do Consumidor (Lei nº 8.078/1990) positivou o princípio da boa-fé objetiva e, consequentemente, aqueles deveres que dela decorrem e que estão implícitos nas relações contratuais. Ele apresenta a boa-fé objetiva como regra genérica, embora seja aplicável nas relações jurídicas de consumo.

É verdade que o Código Comercial, de 1850, já cogitava, em seu artigo 131, que a interpretação de cláusulas de contrato deve efetuar-se segundo "a inteligência simples e adequada, que for mais conforme à boa-fé". Todavia, acentua Ruy Rosado de Aguiar Júnior que essa regra do Código Comercial "permaneceu letra morta por falta de inspiração da doutrina e nenhuma aplicação pelos tribunais".[153]

O Código do Consumidor prevê a boa-fé objetiva como regra de interpretação, no artigo 4º, inciso III, e como cláusula geral, no artigo 51, inciso IV. O primeiro dispositivo, referindo-se à Política Nacional de Relações de Consumo, estabelece princípios que devem ser atendidos, entre os quais o da harmonização dos interesses do fornecedor e do consumidor e "compatibilização da proteção do consumidor com a necessidade de desenvolvimento econômico e tecnológico, de modo a viabilizar os princípios nos quais se funda a ordem econômica (art. 170 da Constituição Federal), sempre com base na boa-fé e equilíbrio nas relações entre consumidores e fornecedores".

O segundo dispositivo legal referido trata das cláusulas abusivas, considerando nulas de pleno direito "as cláusulas contratuais relativas ao fornecimento de produtos e serviços que (...) estabeleçam obrigações consideradas iníquas, abusivas, que coloquem o consumidor em desvantagem exagerada, ou sejam incompatíveis com a boa-fé ou a equidade".

---

[153] A boa-fé na relação de consumo, *in* Revista de Direito do Consumidor, Instituto Brasileiro de Política e Direito do Consumidor, Ed. Revista dos Tribunais, São Paulo, vol. 14, abril/junho 1995, pp. 20 a 27, especialmente p. 21.

E o §1º do mesmo artigo 51 do Código de Defesa do Consumidor presume exagerada, entre outros casos, a vantagem que "restringe direitos ou obrigações fundamentais inerentes à natureza do contrato, de tal modo a ameaçar seu objeto ou o equilíbrio contratual"; e a que "se mostra excessivamente onerosa para o consumidor, considerando-se a natureza e conteúdo do contrato, o interesse das partes e outras circunstâncias peculiares ao caso".

O princípio da boa-fé objetiva, que afasta o comportamento egoísta e desleal daquele que quer obter vantagem às custas e em detrimento de outrem, é, pois, de grande valia para garantir e manter o equilíbrio das relações contratuais.

Esclarece Ruy Rosado de Aguiar Júnior[154] que, "Na relação contratual de consumo, a boa-fé exerce três funções principais: a) fornece os critérios para a interpretação do que foi avençado pelas partes, para a definição do que se deve entender por cumprimento pontual das prestações; b) cria deveres secundários ou anexos; e c) limita o exercício de direitos".

Em seguida, explica que a "boa-fé como pauta de interpretação exerce valioso papel para a exata compreensão das cláusulas do contrato e das normas legais incidentes". Elucida, ainda, que os "deveres nascidos da boa-fé são chamados de secundários, ou anexos, em oposição aos provenientes da vontade contratada, que são os principais. Podem ser classificados, quanto ao momento de sua constituição, em deveres próprios da etapa de formação do contrato (de informação, de segredo, de custódia); deveres da etapa da celebração (equivalência das prestações, clareza, explicitação); deveres da etapa do cumprimento (dever de recíproca cooperação para garantir a realização dos fins do contrato; satisfação dos interesses do credor); deveres após a extinção do contrato (dever de reserva, dever de segredo, dever de garantia da fruição do resultado do contrato, *culpa post pactum finitum*). Quanto à natureza, podem ser agrupados em: deveres de proteção (a evitar a inflição de danos mútuos), deveres de esclarecimentos (obrigação de informar-se e de prestar informações), e deveres de lealdade (a impor comportamentos tendentes à realização do objetivo do negócio, proibindo falsidades ou desequilíbrios)".[155]

---

[154] A boa-fé na relação de consumo, cit., p. 25.
[155] A boa-fé na relação de consumo, cit., pp. 26 e 27.

E arremata o Jurista:[156] "Na sua função limitadora da conduta, a boa-fé se manifesta através da teoria dos atos próprios, proibindo o *venire contra factum proprium*[157]; vedando o uso abusivo da *exceptio non adimpleti contractus*, quando o inadimplemento da outra parte, no contexto do contrato, não o autorizava; impedindo o exercício do direito potestativo de resolução quando houve adimplemento substancial, na linguagem do direito anglo-americano, ou quando o inadimplemento foi de escassa importância, na nomenclatura do Código Civil Italiano; afastando a exigência de um direito cujo titular permaneceu inerte por tempo considerado incompatível (*suppressio*); desprezando a exigência de cumprimento de preceito, feita por aquele que já o descumprira (*tu quoque*) etc.".

5.3.1.4. Breve notícia histórica da boa-fé objetiva

Informa Teresa Negreiros[158] que, "já no direito romano se encontra uma noção de boa-fé que admite paralelos significativos com a noção objetiva contemplada nos ordenamentos civis contemporâneos. Com efeito, há vários pontos de contato entre os *iudicia bonae fidei* e a chamada cláusula geral ou princípio da boa-fé. Além da pertinência de ambas as figuras ao campo obrigacional, nota-se que tanto no direito romano como no direito atual a conformação da boa-fé objetiva se dá através de uma delegação de poderes ao juiz".

E continua: "Como bem resume Judith Martins-Costa[159], a boa-fé constituía-se num 'expediente técnico e preciso', através do qual 'era conferido ao juiz um especial mandato ou poder para decidir o caso de acordo com as circunstâncias concretas', ou seja, mediante a consideração de fatos outros que não os estrita e formalmente declarados pelas partes".

A mesma Teresa Negreiros cita, ainda, Francisco dos Santos Amaral Neto[160], que anota que "Os *bonae fidei iudicia* eram, precisamente, *actiones civiles in personam* (não *in rem*) cujo *iudicium* atribuía ao juiz uma grande

---

[156] A boa-fé na relação de consumo, cit., p. 27.
[157] Ou seja, aquele comportamento contraditório do contratante que, no momento da celebração do contrato, apresenta informações e condições negociais diversas daquelas apresentadas nas tratativas e negociações.
[158] Fundamentos para uma Interpretação Constitucional do Princípio da Boa-Fé, cit., p. 40.
[159] Sistema e Cláusula Geral, cit., p. 139.
[160] A Boa-Fé no Processo Romano, *in* Revista Jurídica da Universidade Federal do Rio de Janeiro, vol. 1, nº 1 (novas séries), janeiro/junho de 1995, pp. 33 a 46, especialmente p. 42.

margem de apreciação discricionária, isto é, o poder de estabelecer, a seu critério, tudo quanto o demandado devesse dar ou fazer com base no princípio da **boa-fé**".

Acrescenta Judith Martins-Costa[161] que "A *fides bona* atuava, no processo, para permitir ainda outras funções. Servia, por exemplo, como para salvaguardar o vínculo sinalagmático, assegurando a bilateralidade funcional na compra e venda (*emptio venditio*), ao situar um critério de tolerabilidade (*pati*) relativamente a acontecimentos supervenientes que incidissem sobre o equilíbio das prestações alcançado pelo acordo acerca da *ultro citroque obligatio*. Do mesmo modo, assegurava a bilateralidade funcional na *locatio conductio*, impondo uma 'estreita interdependência' entre a prestação principal do locador (*uti frui praestare*) e a do condutor (pagamento do preço). Ainda, viabilizava ao juiz assinalar a medida da responsabilidade dos contratantes, de modo que o *iudex* deveria exigir tudo o que entre eles se tivesse levado a cabo sinceramente, com honestidade, devendo reprimir as atuações desleais e enganosas na execução do acordo de fidelidade. E, especialmente, ensejava uma vigorosa atuação do juiz por via da interpretação e da integração do conteúdo contratual na sua dinâmica, a fim de assegurar um critério fundado na justiça contratual como equilíbrio entre as prestações, equilíbrio a ser logrado não apenas no momento da pactuação, mas correspondente ao sinalagma dinâmico ou funcional, isto é, aquele que deve acompanhar a relação contratual no transcurso do seu tempo de duração".

Também António Manuel da Rocha e Menezes Cordeiro[162] observa que "o *iudex*, em vez de se dever ater a formalismos estritos, tinha por função o procurar, através de certos expedientes, descer até à substância das questões. Não bastava, pois, uma composição puramente formal dos litígios: procurava-se uma solução material".

Entretanto, adverte que "Estas considerações, que poderiam ser exageradamente ampliadas com outras, tais como a de um reconhecimento implícito da equivalência das prestações, a da *bona fides* como norma objetiva de conduta correta ou a da funcionalidade das obrigações, não devem, porém, fazer perder a perspectiva histórica de que toda esta generalização surgiu muito depois, apenas".

---

[161] A Boa-fé no Direito Privado, cit., p. 75.
[162] Da Boa-Fé no Direito Civil, Ed. Almedina, Coimbra, 6ª reimpressão, 2015, p. 89.

Assim, embora não se cogitasse do sentido objetivo da boa-fé, no Direito Romano, os pretores, já naquela época (aproximadamente no século II a.C., com os *bonae fidei iudicia*), recebiam amplos poderes para apreciar e resolver as questões jurídicas que envolviam relações obrigacionais, com base na boa-fé, de maneira que se pode dizer que já se aplicava, naquela época, o que hoje se denomina princípio da boa-fé objetiva.

5.3.1.5. Deveres anexos decorrentes do princípio da boa-fé objetiva
Como visto, o princípio da boa-fé objetiva exige que as pessoas se comportem corretamente, que ajam com lealdade, honestidade, transparência e cooperação, e por isso, ele cria "deveres anexos" que se encontram implícitos em todas as relações jurídicas contratuais.

Resta, pois, destacar esses deveres, que são os seguintes: dever de informar, dever de confidencialidade, dever de cooperação e dever de prudência e diligência.

5.3.1.5.1. Dever de informar
Relativamente ao primeiro dever referido, aponta Cláudia Lima Marques que a doutrina estrangeira, notadamente da Alemanha e da França, visualiza dois tipos de deveres de informação: o dever de "conselho" ou aconselhamento e o dever de esclarecimento simples.[163]

E tomando como exemplo o contrato de seguro-saúde e de assistência médica, elucida que o dever de esclarecimento obriga o fornecedor a informar sobre os riscos do serviço (atendimento, ou não, em caso de emergência, exclusões da responsabilidade contratual, modificações contratualmente possíveis etc.), sobre a forma de utilização do serviço (necessidade de autorizações, de exames prévios, de opiniões de médicos do grupo, do tempo total de internação por ano etc.) e sobre a qualidade do serviço (hospitais conveniados, médicos ligados à empresa fornecedora etc.).[164]

Tenha-se como exemplo, ainda, o advogado que, em sua atividade profissional, deve fornecer as informações referentes a um negócio ou contrato, que sejam relevantes para auxiliar seu cliente na tomada de

---
[163] Contratos no Código de Defesa do Consumidor, cit., p. 231.
[164] Contratos no Código de Defesa do Consumidor, cit., p. 231.

decisões, por exemplo, para adquirir um imóvel, fechar um negócio ou cancelar um contrato.

Quanto ao dever de conselho ou aconselhamento, consiste em persuadir o consumidor, valendo-se de conhecimentos técnicos, a tomar uma decisão e optar por uma providência que seja adequada e útil ou necessária, relativamente a um produto ou serviço.

Esclarece Cláudia Lima Marques que o dever de aconselhamento, "é um dever mais forte e só existe nas relações entre um profissional, especialista, e um não especialista. Cumprir ou não o dever de aconselhamento significa fornecer aquelas informações necessárias para que o consumidor possa escolher entre os vários caminhos a seguir (por exemplo, diferentes tipos de planos, diferentes carências, diferentes exclusões no serviço de planos de saúde ou de investimentos, no serviço bancário). O chamado 'crédito responsável' é baseado justamente no dever do fornecedor (e intermediário), que concede o crédito, de, como *expert*, esclarecer as possibilidades e os riscos do crédito, assim como 'informar-se' e preocupar-se de forma responsável com as condições de seu cliente".[165]

E continua essa Professora: "Este dever foi identificado como espécie mais forte, mais exigente, do gênero dever de informar, especialmente no caso dos médicos que receitam determinado remédio, que aconselham o paciente a se submeter a determinada cirurgia ou a determinado tratamento, a utilizar determinado hospital, deixando (ou omitindo) de informar as outras possibilidades ou outros possíveis caminhos, que, como especialistas, devem conhecer e informar".[166]

Tomando, novamente, o advogado como exemplo, esse profissional, além de esclarecer as opções que estão ao alcance do cliente e os caminhos que podem ser seguidos, deve aconselhá-lo a optar pelas providências que forem corretas e mais adequadas para obtenção de resultado favorável, mesmo que se trate de uma consulta inicial, sem vislumbre de uma futura contratação. Deve aconselhar, ainda, o cliente ou consulente a não praticar um ato que seja considerado ilícito ou fraudulento e, também, a não ingressar em aventura judicial.

---

[165] Contratos no Código de Defesa do Consumidor, cit., p. 233.
[166] Contratos no Código de Defesa do Consumidor, cit., pp. 233 e 234.

O dever de informar, sob cogitação, encontra-se positivado em alguns dispositivos do nosso Código de Defesa do Consumidor, entre eles o artigo 10, §1º, que se refere à fase contratual.

Esse dispositivo legal estabelece que, se o fornecedor descobrir a nocividade ou periculosidade do produto ou serviço, após a sua colocação no mercado de consumo, deverá comunicar o fato imediatamente, mediante anúncios publicitários. Realmente, pode ocorrer de o fornecedor descobrir, somente depois de colocar determinado produto ou serviço no mercado, que o mesmo é potencialmente nocivo ou perigoso à saúde ou segurança do consumidor.

Portanto, os contratantes devem, reciprocamente, prestar todas as informações que sejam relativas ao contrato celebrado e que sejam relevantes para auxiliar em eventual tomada de decisão, por exemplo, se for necessária uma renegociação dos termos e condições contratuais, em virtude de desequilíbrio superveniente das prestações pactuadas.

Deve, ainda, um dos contratantes, quando for o caso, considerando as condições pessoais e financeiras do outro, aconselhá-lo a optar pelo negócio que lhe for mais favorável; às vezes, é mais vantajoso contratar um financiamento com prestações fixas, sem sujeitar-se a taxas de câmbio e a índices de correção flutuantes que sofrem ou podem sofrer muita variação.

5.3.1.5.2. Dever de confidencialidade ou sigilo

Como visto, o dever de confidencialidade consiste em manter o sigilo de informações privilegiadas obtidas em confiança, em todas as fases do contrato, notadamente na fase contratual. O nosso Código de Defesa do Consumidor não possui dispositivo específico que exija a confidencialidade, na fase contratual; porém, como esse dever decorre do princípio da boa-fé objetiva, positivado nessa lei especial, está implícito nas relações jurídicas de consumo, notadamente no período de eficácia e cumprimento do contrato.

A exigência de confidencialidade é mais comum na prestação de serviços profissionais, sendo que os órgãos regulamentadores e fiscalizadores de algumas atividades profissionais preveem, em seus estatutos, o dever de sigilo e sanções disciplinares para o caso de sua quebra injustificada.

A título de exemplo, no caso do advogado, existe o dever de manter em sigilo as informações privilegiadas de seus clientes, cuja divulgação possa ser prejudicial a eles. Trata-se de sigilo profissional que somente pode ser revelado quando o cliente autorizar ou, não havendo autorização, quando for necessário para proteger os interesses do próprio cliente ou da sociedade.

Também os contratantes devem manter sigilo das informações privilegiadas, obtidas de cada qual, cuja divulgação não tenha sido autorizada.

5.3.1.5.3. Dever de cooperação e dever de prudência e diligência

Pelo dever de cooperação, os contratantes devem colaborar durante a fase de cumprimento do contrato, não dificultando nem impedindo o cumprimento de uma obrigação contratual.

Assim, o contratante que insiste em manter cláusulas e condições do contrato, que passaram a gerar onerosidade excessiva ao outro contratante, em virtude de alteração das circunstâncias iniciais, quebra o dever de cooperação.

Também haverá descumprimento desse dever se o contratante retardar a entrega do bem objeto do contrato, ou dificultar a comunicação com o outro contratante que o procure para urgente modificação de condições contratuais, que estejam impossibilitando ou tornando insuportável o cumprimento de sua obrigação.

Portanto, sendo o contrato atingido por um fato superveniente que venha a alterar o conteúdo econômico das prestações, acarretando a onerosidade excessiva para um dos contratantes, deve o outro, em vez de querer beneficiar-se de tal situação, colaborar no sentido de promover a revisão e alteração das cláusulas e condições contratuais que estejam causando o desequilíbrio. Em não o fazendo, estará contrariando o princípio da boa-fé objetiva.

Como visto, o *softlaw code* Princípios de Direito Contratual Europeu, em seu artigo 6:111, item 3, recomenda que seja fixada pelo Judiciário, ao determinar a extinção ou adaptação do contrato, uma indenização a cargo do contratante que se recusar a negociar ou romper as negociações de maneira contrária à boa-fé e ao negócio justo.

De outro lado, o dever de prudência e diligência consiste em agir com cuidado, cautela e com zelo, protegendo a outra parte durante a eficácia da relação contratual. Enfim, os parceiros contratuais devem preocupar-se um com o outro.

No caso de descumprimento de qualquer dos deveres referidos, o contratante que se sentir prejudicado poderá ingressar em Juízo e pedir o ressarcimento das perdas e danos que tiver sofrido, produzindo a prova desse prejuízo.

5.3.2. Princípio do equilíbrio contratual

Como a própria denominação sugere, o princípio sob cogitação visa a proteger o equilíbrio de direitos e deveres das partes nos contratos, para alcançar a justiça contratual.

Informa Álvaro Villaça Azevedo[167] que, "Desde a *mancipatio*, inserida na Lei das XII Tábuas, de 450 a.C., em que, por ato *per aes et libram*, as obrigações das partes contratantes eram pesadas, nos pratos de uma balança, em praça pública, devendo ser cumpridas as formalidades legais, ficando esses pratos em equidistância, atestando a igualdade das mesmas obrigações assumidas, representa-se esse contrato como verdadeiro símbolo da Justiça (a balança), até hoje preservado pelos povos. Essa igualdade e equilíbrio nas relações jurídicas são tão importantes, que, já entre os romanos, Celso (Ulp. 1 inst., D. 1, 1, 1 pr.) conceituou o Direito como a 'arte do bem e da equidade' (*ius est ars boni et aequi*)".

Conclui, em seguida, que "a comutatividade, nos contratos, é princípio essencial de Direito, porque exige a equivalência das prestações e o equilíbrio delas, no curso das contratações, pois, por ele, as partes devem saber, desde o início negocial, quais serão seus ganhos e suas perdas, importando esse fato a aludida equipolência das mencionadas prestações".

Assim, deve ser sempre mantido o equilíbrio entre prestação e contraprestação, pois o contrato não deve ser utilizado como instrumento para obtenção de lucro exagerado que sequer era vislumbrado ou esperado quando da formação do contrato.

É natural e lícito que as pessoas queiram sempre aumentar seu patrimônio, mas não às custas do desfalque patrimonial ou empobrecimento de outrem que com elas mantenham relações negociais, bem como

---

[167] Princípios Gerais de Direito Contratual Aplicáveis à Dívida Externa dos Países em Desenvolvimento, artigo publicado na Revista dos Tribunais, vol. 718, pp. 7 a 12, especialmente p. 9, Ed. Revista dos Tribunais, São Paulo, agosto de 1995.

não se aproveitando de circunstâncias novas que venham a alterar o conteúdo econômico do contrato em seu favor, invocando os princípios da autonomia contratual e da força obrigatória dos contratos, pois essa conduta viola o princípio da boa-fé objetiva, que é fundamental para a justiça contratual.

Os princípios referidos devem coexistir em harmonia, sempre visando à equidade nas relações contratuais, cada uma das partes experimentando os ganhos e as perdas que previram para alcançar seus objetivos e atender seus interesses.

Independentemente do que foi previsto ou era previsível pelas partes contratantes, o contrato deve ser analisado, objetivamente, em seus aspectos econômicos. Deve ser examinado o conteúdo econômico do contrato, desde o momento de sua formação, ou seja, quais os ganhos e os sacrifícios vislumbrados pelas partes contratantes.

Com relação aos contratos aleatórios, embora a prestação ou a contraprestação dependa de um evento futuro, as partes sabem, mais ou menos, o que podem ganhar e perder, conforme as circunstâncias existentes na época da formação do contrato, preferencialmente na fase pré--contratual.

Devem ser verificadas as alterações já ocorridas e as esperadas na economia do País, a média das alterações de taxas de câmbio e de índices de correção monetária dos meses anteriores ao negócio etc.. A partir daí as partes sabem que seus ganhos e suas perdas poderão sofrer aquelas alterações que foram verificadas, o que constitui a álea normal daquele contrato que será celebrado.

Portanto, mesmo se tratando de contrato aleatório, devem ser analisadas as circunstâncias econômicas existentes quando da celebração do contrato, para se determinar a sua álea normal ou os riscos próprios do negócio nele entabulado, sendo certo que o que superar essa álea, em muito, deve ser considerado onerosidade excessiva e, consequentemente, desequilíbrio contratual.

A título de exemplo, no contrato de financiamento em moeda estrangeira, é previsto que os pagamentos das prestações serão efetuados mediante a conversão para a moeda nacional, pela taxa de câmbio do dia do pagamento. Também são previsíveis variações da taxa de câmbio, no período de vigência do contrato, considerando algumas alterações já ocorridas antes da celebração do negócio.

ONEROSIDADE EXCESSIVA

Entretanto, se houver uma alteração brusca e acentuada da taxa de câmbio, aumentando sobremaneira as prestações ainda devidas, trazendo ganhos e sacrifícios desproporcionais, que não eram esperados pelas partes no momento da conclusão do contrato, estar-se-á diante de uma onerosidade excessiva e de um desequilíbrio contratual, os quais devem ser sanados para evitar-se o enriquecimento injustificado da instituição financeira, em detrimento do acentuado desfalque patrimonial, também injustificado, do mutuário.

Referindo-se à crise cambial de 1999, quando contratos de financiamento de veículos com cláusula de reajuste atrelada à variação cambial tornaram-se excessivamente onerosos, em razão da elevada alta do dólar norte americano, César Fiuza ressalta a necessidade de proceder à revisão contratual nessa hipótese, argumentando que "Pouco importa se o fato era ou não previsível. O que interessa é que, por razão alheia à vontade das partes, a relação de equilíbrio entre as prestações desmoronou e deve ser revista. Não se cuida, definitivamente, de abandonar o princípio da obrigatoriedade contratual, mas, simplesmente, de buscar a manutenção do necessário equilíbrio entre as prestações. Que a prestação de uma das partes seja a justa compensação pelo benefício que obteve da outra parte".[168]

Examinando questões oriundas de contratos celebrados com cláusula de reajuste pela variação cambial de moeda estrangeira, decisões judiciais socorreram as partes contratantes e mantiveram os contratos em vigor, mediante revisão das cláusulas que passaram a gerar onerosidade excessiva após repentina e acentuada variação da taxa de câmbio da moeda norte americana.

A Segunda Seção do Superior Tribunal de Justiça decidiu ser admissível "a incidência da Lei n. 8.078/90, nos termos do art. 6º, V, quando verificada, em razão de fato superveniente ao pacto celebrado, consubstanciado, no caso, por aumento repentino e substancialmente elevado do dólar, situação de onerosidade excessiva para o consumidor que tomou o financiamento (...) Índice de reajuste repartido, a partir de 19.01.99 inclusive, equitativamente, pela metade, entre as partes contratantes, mantida a higidez legal da cláusula, decotado, tão somente, o excesso que tornava insuportável ao devedor o adimplemento da obrigação, evitando-se, de

---

[168] Aplicação da cláusula *rebus sic stantibus* aos contratos aleatórios, cit., p. 9.

outro lado, a total transferência dos ônus ao credor, igualmente prejudicado pelo fato econômico ocorrido e também alheio à sua vontade".[169] Destacam-se, ainda, decisões proferidas em tribunais estaduais:

"Nos termos do artigo 6º, V, do CDC, quando verificada, em razão de fato superveniente, o aumento repentino e substancialmente elevado do valor das prestações, autorizada está a revisão contratual (...) A elevação cambial decorrente da abrupta mudança ocorrida na cotação da moeda americana a partir de janeiro de 1999 deve ser dividida entre arrendante e arrendatário, meio a meio, uma vez que ambas as partes foram oneradas pelo aumento do dólar captado no exterior".[170]

"À luz do Código de Defesa do Consumidor, deve ser revista a cláusula contratual que, em contrato de arrendamento mercantil firmado em 1997, previa o reajuste da obrigação pecuniária pelo índice de variação cambial, tendo em vista a desvalorização do Real, que implicou excessiva e injusta onerosidade do contrato em desfavor do consumidor".[171]

"Contrato firmado em moeda estrangeira (dólar). Variação cambial. Onerosidade excessiva em decorrência da variação cambial em janeiro de

---

[169] Recurso Especial nº 472.594-SP e Recurso Especial nº 473.140-SP, Relator Ministro Carlos Alberto Menezes Direito, Relator para Acórdão Ministro Aldir Passarinho Junior, julgado em 12/02/2003, in DJ 04/08/2003, p. 217. No mesmo sentido as decisões no Recurso Especial nº 579.107-MT, Relatora Ministra Nancy Andrighi, 3ª Turma, julgado em 07/12/2004, in DJ 01/02/2005, p. 544; Agravo Regimental no Agravo de Instrumento nº 947.644-SC, Relatora Ministra Nancy Andrighi, 3ª Turma, julgado em 19/12/2007, in DJ 08/02/2008, p. 680; Embargos de Declaração no Recurso Especial nº 742.717-SP, Relatora Ministra Maria Isabel Gallotti, 4ª Turma, julgado em 08/11/2011, in DJe 16/11/2011; Agravo Regimental no Recurso Especial nº 1.260.016-SP, Relator Ministro Sidnei Beneti, 3ª Turma, julgado em 17/11/2011, in DJe de 05/12/2011; Agravo Regimental nos Embargos de Divergência em Recurso Especial nº 1.281.192-SP, Relator Ministro Paulo de Tarso Sanseverino, 2ª Seção, julgado em 26/08/2015, in DJe 31/08/2015; Agravo Interno nos Embargos de Declaração nos Embargos de Declaração no Recurso Especial nº 1.601.330-GO, Relatora Ministra Maria Isabel Gallotti, 4ª Turma, julgado em 17/08/2017, in DJe 22/08/2017.
[170] Apelação Cível nº 721.797-2, Relator Desembargador Lauri Caetano da Silva, 17ª Câmara Cível do Tribunal de Justiça do Paraná, julgada em 01/02/2012.
[171] Apelação Cível nº 1.0193.01.002672-5/001, Relator Desembargador Alvimar de Ávila, 12ª Câmara Cível do Tribunal de Justiça de Minas Gerais, julgada em 19/02/2014.

1999. Revisão do contrato para que seja substituído o índice de reajuste das prestações, de dólar para o INPC. Admissibilidade".[172]

Tanto é importante a manutenção do equilíbrio e do sinalagma, que para os contratos de longa duração permite-se a incidência de correção monetária, para que o credor das prestações vincendas não seja prejudicado pela desvalorização da moeda, decorrente de processo inflacionário.

Como se vê, a correção monetária é o remédio para evitar-se o desequilíbrio contratual em detrimento do credor do preço, sendo que o devedor também deve ser protegido por outro remédio, que é a possibilidade de revisão ou resolução do contrato quando sua prestação tornar-se excessivamente onerosa.

5.3.2.1. Princípio do equilíbrio contratual no Código de Defesa do Consumidor

Referindo-se ao princípio da "equidade (equilíbrio) contratual", positivado em nosso Código de Defesa do Consumidor, ensina Cláudia Lima Marques[173] que "A vontade das partes manifestada livremente no contrato não é mais o fator decisivo para o direito, pois as normas do Código instituem novos valores superiores, como o equilíbrio e a boa-fé nas relações de consumo. Formado o vínculo contratual de consumo, o novo direito dos contratos opta por proteger não só a vontade das partes, mas também os legítimos interesses e expectativas dos consumidores".

Elucida, ainda, que o "princípio da equidade, do equilíbrio contratual é cogente", sendo que o Código de Defesa do Consumidor "não exige que a cláusula abusiva tenha sido incluída no contrato por 'abuso do poderio econômico' do fornecedor,[174] ao contrário, o CDC sanciona e afasta apenas

---

[172] Apelação Cível nº 0002315-70.2015.8.26.0100, Relator Desembargador Marcondes D'Angelo, 25ª Câmara de Direito Privado do Tribunal de Justiça de São Paulo, julgada em 14/07/2016.

[173] Contratos no Código de Defesa do Consumidor, cit., p. 1.004.

[174] Como exigia a lei francesa antes do Code de la Consommation, informa citando Olivier Carmet (Réflexions sur lês clauses abusives au sens de la loi n. 78-23 de 10.1.78, in Revue Trimestrielle de Droit Commercial et de Droit Economique 1/1-31, jan.-mars./82, p. 16), "a qual para caracterizar uma cláusula como abusiva, necessitava da cumulação de três circunstâncias: 1) presente em um contrato entre profissional e consumidor; 2) imposta por abuso do poder econômico; 3) que assegure vantagem excessiva".

o resultado, o desequilíbrio, não exige um ato reprovável do fornecedor; a cláusula pode ter sido aceita conscientemente pelo consumidor, mas se traz vantagem excessiva para o fornecedor, se é abusiva, o resultado é contrário à ordem pública, contrário às novas normas de ordem pública de proteção do CDC, e a autonomia de vontade não prevalecerá".[175]

Para assegurar o equilíbrio e a justiça contratuais, o nosso Código de Defesa do Consumidor estabelece três normas: a da interpretação pró-consumidor das cláusulas contratuais, a da proibição de cláusulas abusivas e a da revisão contratual em virtude de onerosidade excessiva superveniente.

Quanto à interpretação judicial do contrato, o artigo 47 do Código de Defesa do Consumidor determina que as cláusulas contratuais devem ser interpretadas de maneira mais favorável ao consumidor. Esse dispositivo legal inspirou-se no artigo 1.370 do Código Civil italiano, segundo o qual as cláusulas inseridas nas condições gerais do contrato, ou em impressos ou formulários redigidos previamente por um dos contraentes, interpretam-se, na dúvida, em favor do outro.

Diferentemente da regra tradicional contida no artigo 112 do Código Civil de 2002,[176] as relações contratuais de consumo devem ser interpretadas atentando-se não somente à intenção das partes contratantes, mas, principalmente, aos direitos e interesses do consumidor, sendo que o intérprete deve favorecê-lo quando houver cláusula duvidosa ou contraditória.

Aliás, alerta Newton De Lucca[177] que só se pode interpretar "o que existe para ser interpretado. Apenas quando houver dubiedade ou contradição é que o princípio de hermenêutica encontra a sua razão de ser. Se o contrato é absolutamente claro, sem possibilidade de dúvida quanto ao seu real sentido e alcance, não haverá nada nele que possa ser interpretado em favor do consumidor".

Entretanto, acrescenta esse Professor, "Se a clareza das cláusulas estiver, porventura, conspirando contra o consumidor, parece óbvio que o problema não será mais de interpretação – posto não haver, como já

---

[175] Contratos no Código de Defesa do Consumidor, cit., pp. 1.004 e 1.005.
[176] Artigo 85 do Código Civil de 1916.
[177] Direito do Consumidor – Aspectos práticos, perguntas e respostas, Ed. Edipro, São Paulo, 2ª ed., 2000, pp. 86 e 87.

foi dito, nada para ser interpretado quando a disposição contratual for clara e isenta de dúvidas – e sim de apuração de eventual abusividade dessa mesma cláusula. Mas se a abusividade estiver presente, a questão diz respeito à aplicação dos arts. 51, 52 ou 53, conforme o caso, e não mais à do art. 47".

Cumpre observar que o Anteprojeto de Código Civil, de 1973, já previa, em seu artigo 418, que a interpretação dos contratos de adesão deveria ser mais favorável ao aderente, no caso de existirem cláusulas ambíguas ou contraditórias. Essa disposição manteve-se no artigo 423 do Código Civil de 2002.

O que pode ser considerado uma novidade é a forma de interpretação da relação contratual de consumo. Segundo a Doutrina consumerista, antes de serem analisados o sentido e o alcance de alguma cláusula obscura, contraditória ou ambígua, o contrato deve ser interpretado como um todo, abrangendo o início do processo contratual desde a oferta e eventuais tratativas até a formação do contrato com as cláusulas já estabelecidas.

Nesse sentido, assevera Cláudia Lima Marques[178] que "o intérprete concentrará suas forças em 'descobrir' o sentido e alcance da relação contratual como um todo, o verdadeiro regulamento contratual, em outras palavras, quais são ou eram os deveres e direitos de cada parte, suas pretensões, suas obrigações". "A descoberta de obrigações implícitas nos variados tipos contratuais, dos deveres anexos de cada um dos contratantes, dos deveres principais ou dos deveres essenciais naquele tipo contratual, da eventual influência das normas imperativas naquela relação concreta será a tarefa do intérprete da relação de consumo *in casu*".

No tocante à proibição de cláusulas abusivas, a mesma Cláudia Lima Marques[179] ensina que o Código de Defesa do Consumidor reduziu o espaço antes reservado para a autonomia da vontade, proibindo que sejam pactuadas determinadas cláusulas, e impôs "normas imperativas, que visam proteger o consumidor, reequilibrando o contrato e garantindo as legítimas expectativas que depositou no vínculo contratual".

Elucida, ainda, essa Professora que "A proteção do consumidor, o reequilíbrio contratual vem *a posteriori*, quando o contrato já está

---

[178] Contratos no Código de Defesa do Consumidor, cit., p. 1.033.
[179] Contratos no Código de Defesa do Consumidor, cit., p. 1.037.

formalmente perfeito, quando o consumidor já manifestou a sua vontade, livre e refletida, mas o resultado contratual ainda está inequitativo. As normas proibitórias de cláusulas abusivas são normas de ordem pública, normas imperativas, inafastáveis pela vontade das partes. Essas normas do CDC aparecem como instrumentos do direito para restabelecer o equilíbrio, para restabelecer a força da 'vontade', das expectativas legítimas do consumidor, compensando, assim, sua vulnerabilidade fática".

Esclarece, mais, em seguida, que o Código Civil e o Código Comercial continham "normas de proteção da vontade, considerada a fonte criadora e, principalmente, limitadora da força vinculativa dos contratos"; e que, com o advento do Código de Defesa do Consumidor, passaram a existir "valores jurídicos superiores ao dogma da vontade, tais como a equidade contratual e a boa-fé objetiva, que permitem ao Poder Judiciário um novo e efetivo *controle do conteúdo* dos contratos de consumo".[180]

Assim, a proibição de cláusulas abusivas é outra forma de assegurar o equilíbrio contratual e o nosso Código de Defesa do Consumidor apresenta, em seu artigo 51, uma relação de cláusulas que considera abusivas.

Relativamente à revisão judicial do contrato, como será mencionado adiante,[181] o artigo 6º, inciso V, do Código de Defesa do Consumidor prevê a possibilidade de o consumidor requerê-la, quando um fato superveniente atingir o contrato em curso e tornar excessivamente onerosa a sua obrigação. Como se vê, também esse dispositivo legal garante o equilíbrio da relação contratual de consumo.

5.3.3. Teoria da pressuposição típica

A teoria da pressuposição foi elaborada por Windscheid e leva em consideração as razões que conduziram o contratante a manifestar sua vontade e realizar o negócio. Segundo essa teoria, a parte celebra o contrato tendo em vista as circunstâncias de fato existentes naquele momento, e manifesta sua vontade pressupondo que tais circunstâncias permanecerão inalteradas, sendo, portanto, decisiva essa pressuposição na formação de sua vontade.

---

[180] Contratos no Código de Defesa do Consumidor, cit., pp. 1.037 e 1.038.
[181] Item 6.5.

Considera, pois, relevante o motivo ou conjunto de motivos íntimos que levou a parte a celebrar o contrato, sendo que a mesma não o faria se soubesse que aquela situação pressuposta não se verificaria no futuro.

Entretanto, a pressuposição não chega a ser uma condição de eficácia (suspensiva) ou de cessação de eficácia (resolutiva) do negócio jurídico, pois a pessoa que age sob pressuposição tem aquele fato futuro como certo e, por isso, não faz constar do contrato que sua eficácia dependerá da ocorrência ou persistência de determinadas circunstâncias. Já a condição é uma cláusula que subordina o efeito do negócio jurídico a um evento futuro e incerto, conforme a definição contida no artigo 121 do Código Civil de 2002.

Citando Windscheid[182], esclarece Antonio Junqueira de Azevedo[183] que "Quem declara vontade, sob pressuposição, quer que os efeitos jurídicos somente se produzam, *se persistir um certo estado de coisas*".

No mesmo sentido, explica Custódio da Piedade Ubaldino Miranda:[184] "Quando uma das partes celebra um negócio jurídico supondo, como certo, um determinado estado de coisas que foi decisivo na formação de sua vontade, mas sem chegar a subordinar a eficácia do negócio à verificação desse estado de coisas (condição), age sob pressuposição".

E continua: "O negócio subsiste, não obstante a pressuposição falhar, porque as partes não elevam esse estado de coisas, essa suposição, à categoria de uma condição, pois que no ânimo do contraente que agiu sob pressuposição não se gerou aquele estado de dúvida, próprio da condição. Tinha o fato, o estado de coisas suposto, como certo. É por isso, porque não se eleva à categoria de condição o fato suposto, que Windscheid qualificou a pressuposição como uma condição não desenvolvida".

Apresenta, pois, o seguinte exemplo: "se celebro um contrato de locação de um imóvel, na praia, para ocupá-lo daí a três meses, na pressuposição de que, nesta altura, terei férias que afinal não me são concedidas,

---

[182] Diritto delle Pandette, vol. 1, primeira parte, tradução de Carlo Fadda e Paolo Emilio Bensa, Ed. Utet, Turim, 1902, pp. 1.035 a 1.054.

[183] Negócio Jurídico e Declaração Negocial – Noções gerais e formação da declaração negocial, Tese para Concurso de Professor Titular, apresentada na Faculdade de Direito da Universidade de São Paulo, 1986, pp. 220 e 221.

[184] Teoria Geral do Negócio Jurídico, Ed. Atlas, São Paulo, 1991, p. 76.

falha a pressuposição, mas em princípio, mantém-se o negócio jurídico porque o fato suposto não foi elevado à categoria de condição".

Outro exemplo é citado por Antonio Junqueira de Azevedo:[185] "um dos célebres *coronation cases*, o caso *Krell v. Henry*. O autor alugou ao réu sua casa em Pall Mall, Londres, para os dias dos desfiles da coroação de Eduardo VII (26 e 27 de junho de 1902); a casa se encontrava no itinerário do cortejo. Do contrato, não constou essa causa, ou motivo. O réu havia mesmo subalugado varandas e janelas do imóvel a outros interessados. Ora, o desfile, por razões de segurança, foi cancelado. A casa não chegou a ser ocupada, mas o locador entrou com ação de cobrança do aluguel contra o locatário".

Explica, em seguida, que "Krell e Henry simplesmente tomaram como certo que o desfile ocorreria e, assim, não se deram ao trabalho de escrever que a locação ficaria sem efeito, *se o desfile não passasse por Pall Mall*".[186] Por essa razão, como a pressuposição foi de ambas as partes, acabou por ser revogado aquele contrato de locação.

Apesar de as circunstâncias existentes na formação do contrato não serem nele inseridas como condição (suspensiva ou resolutiva) ou como razão determinante da realização do negócio, pela teoria de Windscheid, havendo alteração daquele "estado de coisas" inicial, falhando, pois, a pressuposição, pode o contratante que nela se baseou para celebrar o contrato requerer a revogação do mesmo.

E para Windscheid, a pressuposição pode consistir em manifestação expressa, sendo conhecida pelo outro contratante, ou em manifestação tácita, neste caso resultando do conteúdo ou das circunstâncias da declaração.[187] Entendia, pois, que, em certos casos, o *motivo individual* tinha o valor de *condição*, independentemente de expressa declaração e, portanto, sem que a outra parte o conhecesse e o aprovasse.[188] É o que

---

[185] Negócio Jurídico e Declaração Negocial, cit., pp. 219 e 220; exemplo esse retirado da obra de Karl Larenz, Base del negocio jurídico y cumplimiento de los contratos, Ed. Revista de Derecho Privado, Madri, 1956, pp. 125 e 126.

[186] Negócio Jurídico e Declaração Negocial, cit., p. 221.

[187] Antonio Junqueira de Azevedo, Negócio Jurídico e Declaração Negocial, cit., pp. 221 e 222.

[188] Como observa Orlando Gomes, Transformações Gerais do Direito das Obrigações, Ed. Revista dos Tribunais, São Paulo, 2ª ed., 1980, pp. 95 a 113, especialmente p. 99.

Paul Oertmann[189] denomina de pressuposição unilateral, conforme se verá adiante.

Essa teoria de Windscheid sofreu muitas críticas em virtude de sua subjetividade, já que a eficácia do negócio jurídico dependia do que o contratante havia pressuposto no momento da formação do contrato, ou seja, dos motivos psicológicos que impulsionaram a sua manifestação de vontade, independentemente de ter expressado essa motivação ao outro contratante.

De fato, não sendo inserida no contrato como uma condição, é necessário que a pressuposição de uma das partes seja conhecida ou reconhecível pela outra, sendo inserida no início do contrato na forma de "considerando" ou expressa em seu texto como razão determinante da realização do negócio. Caso contrário, tem que ser investigado o motivo íntimo que determinou a manifestação da vontade no sentido de celebrar o contrato.

Tenha-se presente que é difícil, ou até impossível, saber o que está passando pela consciência da pessoa que está celebrando um contrato, o que ela está pressupondo ou quais as razões que a levaram à realização daquele negócio.

Não sendo acolhida pela Doutrina a teoria da pressuposição, procurou-se conferir-lhe um caráter objetivo com a teoria da pressuposição típica.

Explica Orlando Gomes[190] que a teoria da pressuposição típica foi elaborada pelo austríaco Oskar Pisko, partindo do conceito original de Windscheid, mas distinguindo a "pressuposição *subjetiva*, concernente aos motivos do contrato, da pressuposição *típica*, que consiste numa situação de fato, geralmente pressuposta em todo negócio jurídico da classe do que é celebrado".

Exemplifica esse Professor que, na empreitada, "o preço é dado em função dos custos do material e da mão-de-obra. Se, no curso do contrato, variam além da margem normal de risco, falha o pressuposto dado que o empreiteiro, raciocinando com base na situação de fato contemporânea da celebração do contrato, como raciocinaria quem quer que o concluísse, contraiu a obrigação no pressuposto das condições que se modificaram. Para que o contrato seja executado, torna-se preciso que perdure a

---

[189] Introducción al Derecho Civil, tradução da 3ª ed. alemã por Luis Sancho Seral, Ed. Labor, Barcelona – Buenos Aires, 1933, p. 217.
[190] Transformações Gerais do Direito das Obrigações, cit., p. 96.

situação de fato pressuposta por todas as pessoas que tivessem de celebrá-lo. Não deve, portanto, prevalecer quando circunstâncias anormais a modificam, se tais circunstâncias não decorrem de situação pessoal, ou patrimonial, do devedor, como, dentre outras, a de que poderia prever a variação dos custos".[191]

Esclarece, ainda, o saudoso Mestre que "A pressuposição *individual* imaginada por Windscheid é uma representação no ânimo das partes, enquanto a pressuposição *típica*, de Pisko, se objetiva numa situação de fato, igual para todas as pessoas que, em dado momento, querem obrigar-se mediante contrato do mesmo tipo. Alterando-se essa situação, desaparece a relação de equivalência ínsita em todo contrato comutativo. Perde o contrato, em consequência, seu sentido, não se justificando sua execução nas condições estipuladas".[192]

Trata-se, pois, de uma pressuposição que é típica de um determinado negócio jurídico, que está implícita em um determinado tipo de contrato. Tome-se como exemplo o contrato bilateral e comutativo de longa duração: no momento da conclusão do contrato, as partes pressupõem que as circunstâncias iniciais que contribuíram para a realização do negócio não sofrerão brusca e acentuada alteração. O credor do preço pressupõe que não haverá uma deflação acentuada e o devedor, que não haverá uma inflação acentuada; ou seja, existe a pressuposição comum das partes contratantes de que as circunstâncias iniciais, contemporâneas da celebração do contrato, que determinaram o sinalagma, a comutatividade e o equilíbrio das prestações, não sofrerão repentina e acentuada alteração.

Mesmo o contrato aleatório cria uma expectativa para as partes contratantes de que não haverá alteração das circunstâncias iniciais e de que será mantida a álea normal do contrato, existente no momento de sua formação.

Como visto, as circunstâncias econômicas existentes no momento da celebração do contrato aleatório determinam os seus riscos aproximados, a sua "álea normal". Supondo que um determinado negócio tenha sofrido alterações entre 10 (dez) e 20% (vinte por cento), nos últimos meses, essa oscilação constitui a "álea normal" desse contrato. Tendo conhecimento

---

[191] Transformações Gerais do Direito das Obrigações, cit., pp. 96 e 97.
[192] Transformações Gerais do Direito das Obrigações, cit., p. 97.

dessas circunstâncias, no momento da realização do negócio, as partes pressupõem que eventual modificação em seus ganhos e em suas perdas será entre 10 (dez) e 20% (vinte por cento).[193] Assim, se as oscilações forem demasiadamente superiores às imaginadas, terá falhado a pressuposição típica.

Ressalta, mais, Orlando Gomes que, nessa teoria da pressuposição típica, "não se dá relevância à situação a que fique reduzido o devedor pelo cumprimento da obrigação. Pouco importa que se arruíne ou que tenha condições para suportar as desvantagens ou prejuízos que lhe acarrete a execução do contrato. Não são considerações de equidade, quase sempre insufladas de sentimentalismo, que determinam a revisão do contrato, mas, sim, o desaparecimento de um dos seus pressupostos".[194]

Nesse ponto, Orlando Gomes parece referir-se à equidade invocada pelo devedor que passa a ter extrema dificuldade no cumprimento de sua obrigação, ou que fica impossibilitado de cumpri-la, devido à redução de seu patrimônio causada por fatores pessoais ou profissionais, ou decorrente de sua própria administração, e que lhe retira a disponibilidade financeira para o adimplemento do contrato.

Portanto, para a teoria sob cogitação, é irrelevante o fato de o devedor ter, ou não, condições financeiras para o cumprimento de sua obrigação, sendo certo que, se não o tiver, sofrerá as cominações decorrentes do inadimplemento contratual. Entretanto, se um fato superveniente, alheio à vontade e ao controle das partes contratantes, alterar o conteúdo econômico do contrato, fazendo desaparecer a situação de fato por elas pressuposta no momento da realização do negócio, poderá ser requerida a revisão do contrato.

Tenha-se presente que os princípios jurídicos e teorias, citados nesse trabalho, justificam a revisão contratual quando ocorre alteração objetiva do conteúdo econômico do contrato, fazendo desaparecer a reciprocidade ou equivalência entre as prestações (sinalagma), e não quando ocorre modificação das condições financeiras do devedor (alteração subjetiva).

---

[193] E com base nisso celebram o contrato, sendo que talvez não o fizessem, se o risco fosse maior.
[194] Transformações Gerais do Direito das Obrigações, cit., p. 97.

5.3.4. Teoria da base do negócio

A teoria da base do negócio foi desenvolvida por Paul Oertmann, que, embora partindo do conceito de pressuposição de Windscheid, não admite que se possa levar em conta a pressuposição unilateral, isto é, a que não seja conhecida ou reconhecível pelo outro contratante.

Segundo Oertmann, essa pressuposição unilateral não passa de simples motivo para contratar, e as considerações psicológicas que determinam a manifestação de vontade da parte, no sentido de realizar um negócio, não podem exercer qualquer influência na eficácia do contrato, pois são insuscetíveis de controle e de conhecimento pelo outro contratante e por quem quer que seja. Por isso, a ordem jurídica não pode atribuir relevância a tais motivos individuais, sob pena de desaparecer a segurança das transações (dos negócios).[195]

Entretanto, admite Oertmann a viabilidade "da pressuposição bilateral, que se apresenta sempre que o motivo é elevado, expressa ou tacitamente, a elemento integrante do contrato, o que sucede quando as partes querem apoiar a eficácia do contrato exclusivamente sobre a base de determinado fato, não o elevando a condição simplesmente porque o supõem realizado ou consideram inequívoca sua verificação. Tomada nesse sentido, a pressuposição pode ser admitida como base do negócio, e, por conseguinte, elemento essencial à existência do contrato, ainda que não tenha sido expressamente estipulado", de maneira que, se essa "base do negócio vem a faltar, seja porque não ocorreu o fato presumido, seja porque não se realizou, pode o interessado denunciar o contrato, ou pedir sua resolução".[196]

Portanto, para Oertmann, a base do negócio é constituída pelos motivos comuns que levaram à celebração do contrato, sendo tais motivos conhecidos e admitidos pelas partes contratantes, que emitem sua declaração de vontade vislumbrando a existência ou persistência de determinadas circunstâncias.

Embora apresente como requisito que o motivo determinante da vontade de cada parte seja conhecido e admitido pela outra, essa teoria de Oertmann continua impregnada de subjetivismo e, por isso, também sofreu críticas por criar insegurança nas relações negociais.

---

[195] Introducción al Derecho Civil, cit., p. 217.
[196] Como comenta Orlando Gomes, Transformações Gerais do Direito das Obrigações, cit., p. 99, citando a obra do autor alemão, Introducción al Derecho Civil, cit., p. 305.

Procurando a objetivação dessa teoria, Karl Larenz propôs a distinção entre base subjetiva e base objetiva do negócio. Segundo Larenz[197], a base subjetiva é a representação mental existente no momento da conclusão do contrato, que tenha influído, decisivamente, na formação dos motivos. A base objetiva do contrato é constituída pelo conjunto de circunstâncias cuja existência ou persistência é necessária para que sejam atingidos o fim do contrato e o propósito das partes contratantes, e para que tenha sentido a subsistência do contrato. À base objetiva é indiferente a representação mental das partes, ou seja, se elas pensaram, ou não, na existência ou persistência das circunstâncias.

Elucida, ainda, Karl Larenz que a base subjetiva do negócio pode também consistir em uma expectativa errônea de ambas as partes quanto a um fato futuro. Por exemplo, as partes esperam que, em determinado momento e local, se realize uma exposição e, em consideração a esse fato, aluguem aposentos para os visitantes. Entretanto, a exposição é suspensa, de última hora. Se os contratos de aluguel não foram ajustados com a condição de que a exposição se realizasse, foi porque todos os contratantes admitiram como certa a exposição. Esses contratos foram celebrados unicamente com base nesse pressuposto, e como este era recíproco, seu desaparecimento, ou seja, a não realização do evento esperado, deve levar ao cancelamento do contrato.[198]

Como se nota, a base subjetiva do negócio é aquela inicialmente visualizada por Oertmann e compreende as razões psicológicas, baseadas na provável existência ou persistência de determinado fato, que impulsionaram as partes e que foram determinantes a ponto de terem sido externadas nas declarações de vontades que culminaram com a realização do negócio.

A quebra da base subjetiva do negócio pode acarretar a resolução do contrato, quando os motivos psicológicos que levaram as partes à realização do negócio são inseridos e ficam expressos no texto do contrato, como razões determinantes da manifestação de suas vontades; por exemplo, quando as partes inserem, no início do contrato, os *consideranda*

---

[197] Base Del Negocio Jurídico y Cumplimiento de los Contratos, tradução de Carlos Fernandez Rodriguez, Ed. Revista de Derecho Privado, Madrid, 1956, p. 37.
[198] Derecho De Obligaciones, Tomo I, versão espanhola e notas de Jaime Santos Briz, Ed. Revista de Derecho Privado, Madrid, 1958, p. 315.

(considerando que será realizado desfile de posse de tal autoridade...; considerando a estabilidade dos preços de materiais e de mão-de-obra de construção...; e assim por diante).

Nesses casos, não se verificando o evento futuro cuja ocorrência foi pressuposta pelas partes, no momento da celebração do contrato, pode ser requerida a sua resolução, retornando as partes ao estado anterior (*statu quo ante*).

Continua Karl Larenz:[199] A base objetiva de um contrato, que deve existir ainda que a sua finalidade possa (segundo a vontade das partes) cumprir-se de outra forma, também compreende outras circunstâncias, como a conservação do valor da moeda ou a admissibilidade do uso de uma coisa alugada na forma prevista no contrato (por exemplo, a possibilidade de utilizar uma parede para colocar anúncios), ou a subsistência de uma concessão, cuja utilização foi estipulada pelas partes. A finalidade objetivamente expressa no contrato, seu sentido e seu caráter geral, por exemplo, como um contrato de troca (ou seja, caráter típico ou "finalidade essencial"), são as circunstâncias das quais, em cada caso específico, será deduzido o que integra a sua base objetiva, e sobre essas circunstâncias a tarefa do juiz não é outra senão a chamada interpretação integradora do contrato (citando o §157 do Código Civil alemão – BGB, segundo o qual, os contratos devem ser interpretados conforme exigido pela boa-fé, levando em consideração a prática habitual).

Assevera, ainda, que da base objetiva devem ser eliminados os fins puramente subjetivos que as partes perseguem e que não estejam expressos no contrato, ainda que a outra parte os conheça. Por exemplo, quem compra um enxoval para sua filha não pode resilir ou cancelar o contrato se o casamento não se realizar, ainda que, por essa razão, a compra realizada tenha ficado sem sentido para ele, pois essa finalidade exclusivamente subjetiva do comprador não era o objetivo perseguido pelo contrato. Porém, se é alugado um imóvel estipulando-se seu uso para um determinado fim (por exemplo, para instalar-se nele um hotel ou algo semelhante) e isso torna-se inviável porque na região o turismo foi proibido pelas autoridades, desaparece, dessa forma, a base objetiva do contrato.[200]

---

[199] Derecho De Obligaciones, Tomo I, cit., p. 316.
[200] Derecho De Obligaciones, Tomo I, cit., p. 316.

E aponta que a lei alemã regula a impossibilidade superveniente da prestação,[201] mas não prevê os casos em que, sem responsabilidade das partes ou sem ter sido estipulado nada a respeito no contrato, desaparece a base objetiva do negócio, motivo pelo qual essa lacuna da lei deve ser preenchida em conformidade com o que dispõem os §§157 e 242 do Código Civil alemão (BGB),[202] que tratam, respectivamente, da interpretação dos contratos e do adimplemento obrigacional, ambos conforme exigido pela boa-fé.

Portanto, a base subjetiva é representada pelos motivos determinantes da manifestação da vontade visando à realização do negócio. De outro lado, a base objetiva do negócio é representada pelas circunstâncias econômicas e jurídicas que circundam a contratação, desde sua formação até a sua extinção.

As circunstâncias econômicas do negócio compreendem o conteúdo econômico do contrato, cuja alteração, quando brusca e acentuada, abala a equivalência das prestações e provoca a onerosidade excessiva. Assim, nas circunstâncias econômicas, encontra-se a equivalência entre as prestações, que depende da persistência dos valores que foram estipulados como sendo corretos e justos para a circulação de bens objetivada pelas partes contratantes. A base objetiva do negócio persiste na medida em que se mantenham equivalentes, ainda que aproximadamente, a prestação do credor (valor do objeto ou do serviço) e a contraprestação do devedor (preço ou remuneração).

Nas circunstâncias jurídicas, encontra-se a possibilidade, física e jurídica, de ser alcançado o objetivo perseguido no contrato, de maneira que desaparece a base objetiva do negócio quando se torna impossível, física ou juridicamente, o cumprimento obrigacional.

Assim, a teoria da base objetiva do negócio também pode ser aplicada para revisão de cláusulas e condições do contrato, quando um fato superveniente altera as circunstâncias e as bases econômicas do negócio, gerando onerosidade excessiva a uma das partes contratantes.

---

[201] Conforme §275 do Código Civil alemão (BGB).
[202] Derecho De Obligaciones, Tomo I, cit., pp. 316 e 317. Como visto, o BGB não previa anteriormente, à época em que foi publicada essa obra do Jurista alemão, mas passou a prever e autorizar, após a reforma do Direito das Obrigações, em 2001/2002, em seu §313, a revisão judicial do contrato nos casos em que desaparece a base do negócio.

5.3.5. Função social do contrato

A aquisição de bens e de serviços e a obtenção de renda, indispensáveis à vida moderna em uma coletividade, são feitas, principalmente, por intermédio do contrato, que, compondo e regulando os interesses das partes envolvidas nos negócios, possibilita a realização e o desenvolvimento das atividades pessoais e profissionais que são necessárias à coexistência em uma sociedade.

Sendo, pois, indispensável à circulação de bens e de riquezas, e estando sempre presente nas relações jurídicas negociais, destaca-se, inicialmente, do contrato a sua função econômica.

Ressalta Santiago Dantas[203] que o direito contratual do início do século XIX forneceu à sociedade "os meios simples e seguros de dar eficácia jurídica a todas as combinações de interesses; aumentou, pela eliminação quase completa do formalismo, o coeficiente de segurança das transações; abriu espaço à lei da oferta e da procura, levantando as restrições legais à liberdade de estipular; e se é certo que deixou de proteger os socialmente fracos, criou oportunidades amplas para os socialmente fortes, que emergiam de todas as camadas sociais, aceitando riscos e fundando novas riquezas".

Com o passar do tempo, observa Caio Mário da Silva Pereira,[204] "e com o desenvolvimento das atividades sociais, a função do contrato ampliou-se. Generalizou-se. Qualquer indivíduo – sem distinção de classe, de padrão econômico, de grau de instrução – contrata. O mundo moderno é o mundo do contrato. E a vida moderna o é também, e em tão alta escala que, se se fizesse abstração por um momento do fenômeno contratual na civilização de nosso tempo, a consequência seria a estagnação da vida social. O *homo economicus* estancaria as suas atividades. É o contrato que proporciona a subsistência de toda a gente. Sem ele, a vida individual regrediria, a atividade do homem limitar-se-ia aos momentos primários".

De fato, atualmente, é muito difícil alguém sobreviver no meio social, sem realizar, diariamente, uma série de contratos, como o trabalho e o fornecimento de produtos e serviços para obtenção de recursos financeiros, a aquisição de gêneros alimentícios para sobrevivência, a utilização

---

[203] Evolução contemporânea do Direito Contratual, *in* Revista dos Tribunais, vol. 195, pp. 544 a 557, especialmente pp. 544 e 545, Ed. Revista dos Tribunais, São Paulo, janeiro de 1952.
[204] Instituições de Direito Civil, vol. III, cit., p. 11.

de transporte coletivo para locomoção de um local para outro, a aquisição de seguro para manutenção da saúde e da vida, a obtenção de instrução escolar e universitária para conseguir trabalho e renda etc..

De outro lado, essa circulação de riquezas, impulsionada pelo contrato, satisfaz as necessidades e os interesses pessoais e econômicos das pessoas em seu convívio social e, consequentemente, proporciona o desenvolvimento e o bem-estar da coletividade. Surge, então, um outro aspecto do contrato, o seu caráter social.

A respeito do assunto, mais uma vez, elucida Caio Mário da Silva Pereira[205] que, paralelamente à função econômica, "aponta-se no contrato uma outra civilizadora em si, e educativa. Aproxima ele os homens e abate as diferenças. Enquanto o indivíduo admitiu a possibilidade de obter o necessário pela violência, não pôde apurar o senso ético, que somente veio a ganhar maior amplitude quando o contrato convenceu das excelências de observar normas de comportamento na consecução do desejado. Dois indivíduos que contratam, mesmo que se não estimem, respeitam-se. E enquanto as cláusulas são guardadas, vivem em harmonia satisfatória, ainda que pessoalmente se não conheçam".

O contrato exerce um papel relevante na sociedade, já que compõe e regula os interesses pessoais e econômicos das partes que realizam os negócios. O contrato cria regras particulares para harmonizar esses interesses, que são inicialmente contrapostos ou não coincidentes, e para equilibrar as prestações estipuladas na avença. E o fato de os contratantes respeitarem um ao outro e cumprirem as regras por eles criadas também contribui para o bem-estar da coletividade e para a harmonia social.[206]

Por isso, nas palavras de Ruy Rosado de Aguiar Júnior,[207] o contrato "deve ser visto como um instrumento de convívio social e de preservação dos interesses da coletividade, onde encontra a sua razão de ser e de onde extrai a sua força – pois o contrato pressupõe a ordem estatal para lhe dar eficácia". E conclui, elogiando o Código Civil de 2002, por conter uma inovadora "visão geral do contrato como um ato que deve atingir

---

[205] Instituições de Direito Civil, vol. III, cit., pp. 11 e 12.
[206] Com a harmonia dos interesses individuais obtém-se o bem-estar individual, que é necessário para se alcançar, no convívio social, o bem-estar da coletividade.
[207] Projeto do Código Civil – As obrigações e os contratos, *in* RT 775/18, pp. 18 a 31, Ed. Revista dos Tribunais, São Paulo, maio de 2000, especialmente p. 19.

finalidade social, regulado pelos princípios da boa-fé, da moralidade, da lealdade, dos bons costumes, da ordem pública".[208]

Ressalte-se que o equilíbrio contratual também contribui para o bem-estar da coletividade e para a harmonia social. Desse modo, inclui-se também nessa finalidade social do contrato a manutenção do equilíbrio econômico das prestações pactuadas, de maneira que as partes contratantes tenham os ganhos e as perdas que vislumbraram no momento da realização do negócio.

Cumpre lembrar, neste passo, que a função social da propriedade tem como objetivo evitar a não utilização ou a má utilização da propriedade, e como consequência a desapropriação, como justiça social. A função social do contrato, por sua vez, tem como objetivo evitar o mau uso ou o uso abusivo do contrato para fins de enriquecimento injustificado de um dos contratantes ou para causar prejuízo excessivo e também injustificado ao outro, e dessa forma, tem como consequência a revisão contratual, como justiça negocial, garantindo segurança jurídica à sociedade, no que concerne à realização de negócios e celebração de contratos.

Pelos motivos apontados, exige-se, sempre e especialmente nos casos de onerosidade excessiva superveniente, a interpretação do contrato de acordo com a sua função social, principalmente em se tratando de contrato de adesão, cujas cláusulas são elaboradas e impostas por uma das partes contratantes.

Como ressalta Custódio da Piedade Ubaldino Miranda,[209] "Todo o preceito contratual, no contrato de adesão, deve estar orientado no sentido de preservar os interesses da coletividade. Na interpretação de cláusulas gerais será esta uma diretiva fundamental da interpretação, de modo a ter de se arredar qualquer interpretação que não atenda ao interesse social, da coletividade em geral e do aderente, membro que se destacou dessa coletividade para celebrar o contrato de adesão".

Destaque-se, ainda, que o princípio da função social do contrato foi inserido no Código Civil brasileiro de 2002, em seu artigo 421, *caput*, segundo o qual, "A liberdade contratual será exercida nos limites da função social do contrato".[210]

---

[208] Projeto do Código Civil, cit., p. 30.
[209] Contrato de Adesão, Tese para Concurso de Professor Livre-Docente, apresentada na Faculdade de Direito da Universidade de São Paulo, 2000, p. 228.
[210] Com a redação dada pela Lei nº 13.874/2019.

Esclarece Álvaro Villaça Azevedo[211] que esse dispositivo legal trata da liberdade contratual, ou seja, da possibilidade de livre discussão e inserção das cláusulas e condições do contrato e, assim, "alarga, ainda mais, a capacidade do juiz para proteger o mais fraco, na contratação, que, por exemplo, possa estar sofrendo pressão econômica ou os efeitos maléficos de cláusulas abusivas ou de publicidade enganosa".

Desse modo, a estipulação de obrigações, cláusulas e condições negociais deve respeitar a função social do contrato, de maneira que os interesses, as aspirações e pretensões das partes contratantes sejam alcançados sem violação dos princípios da boa-fé objetiva e do equilíbrio contratual, e sem prejudicar os interesses da coletividade.

Aliás, salienta Orlando Gomes[212] que o Direito das Obrigações caminha modernamente "no sentido de realizar melhor equilíbrio social, imbuídos seus preceitos, não somente da preocupação moral de impedir a exploração do fraco pelo forte, senão, também, de sobrepor o interesse coletivo, em que se inclui a harmonia social, aos interesses individuais de cunho meramente egoístico".

Daí porque deve ser aplicada com atenção e ressalva a disposição contida no parágrafo único do artigo 421 do Código Civil, pois, se nas relações contratuais privadas devem prevalecer "o princípio da intervenção mínima e a excepcionalidade da revisão contratual", isso não significa que deva ser relativizado o princípio da função social do contrato.

A revisão contratual é uma exceção ao princípio da força obrigatória dos contratos (*pacta sunt servanda*), que sofre limitação quando surge uma situação de onerosidade excessiva superveniente que pode acarretar o enriquecimento injustificado de um dos contratantes em detrimento do outro que passa a ter uma desvantagem substancial que não existia no momento da formação do contrato e que lhe causará profundo desfalque patrimonial se houver o adimplemento de sua obrigação corrompida pelo fato superveniente que alterou as circunstâncias do negócio.

Se o contrato é imprescindível para realização das atividades econômicas e sociais e o equilíbrio entre as prestações nele ajustadas viabiliza o seu cumprimento para que seja alcançada a finalidade do negócio nele realizado, então, é o princípio da função social do contrato que deve

---

[211] Curso de Direito Civil, Teoria Geral dos Contratos, cit., pp. 26 e 32.
[212] Transformações Gerais do Direito das Obrigações, cit., p. 1.

prevalecer sobre o princípio da intervenção mínima, pois o primeiro é fundamental para realização da justiça contratual, exigindo a manutenção do equilíbrio econômico e financeiro das prestações estipuladas pelas partes, viabilizando o cumprimento de suas obrigações para o contrato atingir a sua finalidade econômica e social e, por isso, esse princípio é apresentado aqui como um dos fundamentos da revisão contratual.

5.3.6. Princípio da equidade

Entende-se por equidade o "respeito à igualdade de direito de cada um, que independe da lei positiva, mas de um sentimento do que se considera justo, tendo em vista as causas e as intenções".[213]

Tercio Sampaio Ferraz Junior[214] esclarece que Aristóteles é responsável pela definição de equidade "como a justiça do caso concreto. A solução de litígios por equidade é a que se obtém pela consideração harmônica das circunstâncias concretas, do que pode resultar um ajuste da norma à especificidade da situação a fim de que a solução seja justa".

Também ensina Vicente Ráo:[215] "Designa-se por equidade uma particular aplicação do princípio da igualdade às funções do legislador e do juiz, a fim de que, na elaboração das normas jurídicas e em suas adaptações aos casos concretos, todos os casos iguais, explícitos ou implícitos, sem exclusão, sejam tratados igualmente e com humanidade, ou benignidade, corrigindo-se, para este fim, a rigidez das fórmulas gerais usadas pelas normas jurídicas, ou seus erros, ou omissões".

A equidade consiste, pois, na igualdade de tratamento de situações jurídicas (situações de fato que apresentem circunstâncias compatíveis), para aplicação mais adequada da lei ao caso concreto cuja solução não esteja nela prevista, específica e expressamente.

Como provém do latim *aequitate*, do substantivo *aequitas, atis*, e de *aequo*, do adjetivo *aequus, a, um*, a equidade compreende a idéia de igualdade e exerce grande influência tanto na elaboração das leis como em sua interpretação e adaptação aos casos concretos.

---

[213] Antônio Houaiss, Mauro de Salles Villar e Francisco Manoel de Mello Franco, Dicionário Houaiss da Língua Portuguesa, Ed. Objetiva, Rio de Janeiro, 2001, p. 1.183.

[214] Introdução ao Estudo do Direito, Ed. Atlas, São Paulo, 1991, p. 224.

[215] O Direito e a Vida dos Direitos, Ed. Revista dos Tribunais, São Paulo, 5ª ed. anotada e atualizada por Ovídio Rocha Barros Sandoval, 1999, p. 95.

Realmente, devido à variedade das questões jurídicas e de suas circunstâncias específicas, que surgem na convivência diária das pessoas, não consegue o legislador prever todas elas e acaba criando normas genéricas para solução dos conflitos mais comuns. Por essa razão, o próprio ordenamento jurídico autoriza que, em caso de lacuna ou erronia da lei, o julgador se utilize da equidade para atenuar o seu rigor, a fim de encontrar e proferir a solução mais adequada e justa ao caso concreto por ele apreciado.

Desse modo, diante de questão jurídica específica não prevista expressamente na lei, e não sendo possível solucioná-la utilizando-se da analogia, dos bons costumes e dos princípios gerais de direito, resta ao julgador adaptar a norma existente, cuidando para que sejam compatíveis as circunstâncias presentes no caso concreto e na hipótese tratada pela norma.

Adverte Vicente Ráo[216] que "a aplicação rígida da fórmula geral usada pelo legislador dela poderia excluir os casos aparentemente não previstos, ou revestidos de modalidades ou circunstâncias novas, os quais, por justiça, deveriam receber solução idêntica à prevista e prescrita pela mesma fórmula"; assim, a aplicação rígida da fórmula geral, além de importar injustiça, não emendaria "os erros em que o legislador houvesse incorrido, causando a *desigualdade* que os princípios condenam; e semelhante rigor no trato das relações jurídicas violaria, ainda, a *humanitas*, a *benignitas*, a que a justiça deve atender." E é justamente "para evitar tão graves inconvenientes para a manutenção da ordem social, que a equidade permite ao juiz (...) *suprimir qualquer dissonância entre a norma de direito e sua atuação concreta*".[217]

Em seguida, destaca esse Jurista as funções da equidade, quais sejam: "*a)* a adaptação da lei a todos os casos que devem incidir em sua disposição, mesmo aos não previstos expressamente, devendo estes últimos ser tratados em pé de rigorosa igualdade com os contemplados por modo expresso; *b)* a aplicação da lei a todos esses casos, levando-se em conta todos os elementos de fato, pessoais e reais, que definem e caracterizam os casos concretos; *c)* o suprimento de erros, lacunas, ou omissões da

---

[216] O Direito e a Vida dos Direitos, cit., p. 90.
[217] Citando frase do autor italiano Roberto De Ruggiero, Direito Civil, vol. I, p. 20.

lei, para os fins acima; *d)* a realização dessas funções com *benignidade e humanidade*."[218]

Acontece que, para sua adaptação ao caso concreto, é necessário que se analise o conteúdo da norma e que se verifique seu sentido e sua finalidade, destacando-se, pois, outra função da equidade, a de interpretação das normas jurídicas.

Aliás, como ressalta Carlos Maximiliano,[219] a equidade deve "ser invocada não só em casos de silêncio da lei; pois também constitui precioso auxiliar da Hermenêutica: suaviza a dureza das disposições, insinua uma solução mais tolerante, benigna, humana". E continua: "Não se recorre à Equidade senão para atenuar o rigor de um texto e o interpretar de modo compatível com o progresso e a solidariedade humana".

Nessa interpretação, deve prevalecer a finalidade da norma, deixando-se em segundo plano o sentido literal de seu texto, e entre várias soluções que sejam por ela trazidas, deve ter preferência a mais benigna e humana, sempre levando-se em consideração as circunstâncias do caso concreto, a conjuntura econômica e os valores morais da coletividade, bem como a necessidade de se manter a paz social, o bem comum e a estabilidade das relações jurídicas.

Além de sua adequação às novas circunstâncias, também é necessária a valoração da norma, para se verificar se é viável, ou não, a sua aplicação ao caso concreto. A esse respeito, elucida Maria Helena Diniz[220] como é efetuada essa valoração: "ponderam-se, compreendem-se e estimam-se os resultados práticos que a aplicação da norma produziria em determinadas situações fáticas. Se o resultado prático concorda com as valorações que inspiram a norma, em que se funda, tal norma deverá ser aplicada. Se, ao contrário, a norma aplicável a um caso singular produzir efeitos que viriam a contradizer as valorações, conforme as quais se modela a ordem

---

[218] O Direito e a Vida dos Direitos, cit., pp. 91 e 92.
[219] Hermenêutica e Aplicação do Direito, Ed. Forense, Rio de Janeiro, 11ª ed., 1991, pp. 174 e 175.
[220] Lei de Introdução ao Código Civil Brasileiro Interpretada, cit., p. 134; citando Recaséns Siches, Nueva perspectiva de la equidad, *in* La nueva filosofía de la interpretación del derecho, México, 1950, pp. 256 a 258. Essa lei interpretada na obra passou a ser denominada Lei de Introdução às normas do Direito Brasileiro, mantido seu número, conforme redação dada pela Lei nº 12.376/2010.

jurídica, então, indubitavelmente, tal norma não deve ser aplicada a esse caso concreto".

De outro lado, também na elaboração das leis, o legislador recorre à equidade quando autoriza o julgador a aplicá-la em determinadas situações, para encontrar a solução mais justa ao caso concreto. A título de exemplo, o artigo 413 do Código Civil de 2002[221] impõe ao julgador a apreciação equitativa da relação jurídica contratual e a redução da multa (moratória ou compensatória) pactuada, quando houver cumprimento parcial da obrigação, pelo devedor, "ou se o montante da penalidade for manifestamente excessivo, tendo-se em vista a natureza e a finalidade do negócio".

No âmbito do direito contratual, é induvidosa a relevância do princípio da equidade, pelo qual as partes devem participar da relação jurídica contratual em igualdade de condições, ou seja, sem a prevalência do forte sobre o fraco, do poder econômico sobre a hipossuficiência. Dessa igualdade entre as partes contratantes resulta a equivalência entre prestação e contraprestação, que também deve estar presente na circulação de bens e de riquezas.

Realmente, nos contratos sinalagmáticos, que são caracterizados pela bilateralidade das obrigações oriundas do negócio realizado, é necessário que a prestação seja condizente com a contraprestação, que sejam mais ou menos equivalentes o valor do objeto ou do serviço e o preço ou remuneração pactuada, e que tal equivalência seja mantida durante a fase de cumprimento do contrato.

Os princípios da equidade e do equilíbrio contratual estão estreitamente ligados. O equilíbrio das prestações estabelece a igualdade entre as partes, ainda que seja desigual seu poder econômico, por exemplo, uma das partes seja um trabalhador assalariado e a outra uma grande empresa ou uma instituição financeira.

Independentemente do poder econômico das partes contratantes, o que garante a igualdade entre elas, e que, portanto, a superioridade de uma delas não propicie o seu enriquecimento injustificado em detrimento da outra, é a reciprocidade ou equivalência, ainda que aproximada, das prestações por elas pactuadas.

---

[221] Artigo 924 do Código Civil de 1916, que não ordenava, mas permitia a redução da penalidade somente quando a obrigação tivesse sido cumprida em parte pelo devedor.

O equilíbrio das prestações determina a igualdade entre as partes contratantes e vice-versa, de maneira que o princípio da equidade tem aplicação no direito contratual justamente para garantir e manter a equivalência das prestações e, assim, evitar o enriquecimento injustificado de uma das partes ou o desfalque patrimonial da outra, em todas as fases do contrato, notadamente na sua fase de cumprimento.

Portanto, o princípio da equidade autoriza o julgador a promover a integração das normas que tratam da onerosidade excessiva superveniente (artigos 317 e 478 do Código Civil) com os princípios de direito contratual acima referidos, principalmente o da boa-fé objetiva, o do equilíbrio contratual e o da função social do contrato, de maneira a eliminar a exigência da imprevisibilidade do fato superveniente que atinge o contrato em fase de cumprimento.

Autoriza, ainda, a adaptação dessas normas aos casos concretos em que houver desequilíbrio entre as prestações pactuadas, para que se efetue a alteração das cláusulas e condições contratuais que estiverem gerando a onerosidade excessiva, ou se promova a resolução do contrato, retornando as partes ao estado anterior. Isso para que sejam mantidos o equilíbrio anterior das prestações e, consequentemente, a igualdade entre as partes contratantes, evitando-se, assim, que uma delas se beneficie de uma situação nova, superveniente à contratação, que lhe proporcione um enriquecimento ou vantagem injustificada, às custas do outro contratante a quem recaia a desvantagem excessiva correspondente.

5.3.7. Princípio da dignidade da pessoa humana

A dignidade é um bem jurídico que compõe a honra subjetiva das pessoas, incluindo-se, pois, nos direitos da personalidade, que são inatos e inerentes à natureza humana; constituem os atributos valorativos que integram a personalidade das pessoas e que são essenciais para que as mesmas possam coexistir e conviver em uma coletividade.

Quanto ao significado, a dignidade é a qualidade moral da pessoa, o suporte da boa fama em que ela é conceituada; é a consciência do próprio valor, o sentimento de amor-próprio e de autoestima.

Elucida Alexandre de Moraes[222] que a dignidade "é um valor espiritual e moral inerente à pessoa, que se manifesta singularmente na

---

[222] Direito Constitucional, Ed. Atlas, São Paulo, 36ª ed., 2020, p. 17.

autodeterminação consciente e responsável da própria vida e que traz consigo a pretensão ao respeito por parte das demais pessoas, constituindo-se um mínimo invulnerável que todo estatuto jurídico deve assegurar, de modo que, somente excepcionalmente, possam ser feitas limitações ao exercício dos direitos fundamentais, mas sempre sem *menosprezar a necessária estima que merecem todas as pessoas enquanto seres humanos*".

Essa respeitabilidade existe na medida em que as pessoas possuem uma boa qualidade de vida, com condições mínimas de subsistência, com trabalho e remuneração que lhes proporcionem alimentação, habitação, saúde, educação e lazer, e também com participação, em igualdade de condições (equilíbrio), nas relações jurídicas diárias que são necessárias ao seu desenvolvimento pessoal e profissional, no meio em que vivem.

Por isso que é essencial a valorização da pessoa humana, juntamente com seus atributos valorativos, entre eles, sua dignidade, mesmo porque ela é a razão de existência da sociedade, de maneira que deve ser a principal preocupação do Estado.

Assevera Renan Lotufo[223] que "A busca da dignidade da pessoa humana há que ser objetivo permanente de qualquer Estado, como de todo ser humano. O amplo desenvolvimento do estudo dos Direitos Humanos e sua ampliação para além dos exclusivamente individuais, é demonstração clara de que a sociedade contemporânea busca a valorização do ser". E conclui que "O plano dos negócios não pode ficar imune à dignificação do ser, pois não se admite a exclusiva visão econômica ou patrimonialista das relações negociais".

Essa valorização do ser humano, que antes era visto como mero "agente propulsor do capitalismo e da dinâmica das relações jurídicas", como lembra Carlyle Popp,[224] iniciou-se após a segunda guerra mundial, quando "houve uma febre pela proteção aos direitos humanos", principalmente nos países que mais sofreram os efeitos daquele conflito, a Itália (1947) e a Alemanha (1949), em razão do que a pessoa humana passou a ser o

---

[223] Direito Civil Constitucional – Cadernos 1, Coordenador Renan Lotufo, Ed. Max Limonad, São Paulo, 1999, p. 149, nota de rodapé nº 122, em que apresenta artigo de Carlyle Popp.
[224] Princípio Constitucional da dignidade da pessoa humana e a liberdade negocial – A proteção contratual no Direito brasileiro, *in* Direito Civil Constitucional – Cadernos 1, Coordenador Renan Lotufo, cit., pp. 149 a 211, especialmente pp. 159 a 161.

centro de atenção do ordenamento jurídico, tanto que esse humanismo foi inserido nas constituições daqueles países.[225]

Realmente, o artigo 2º da Constituição italiana dispõe que aquela república "reconhece e garante os direitos invioláveis do homem, quer como ser individual ou nas formações sociais onde se desenvolve a sua personalidade, e requer o cumprimento dos deveres inderrogáveis de solidariedade política, econômica e social". E o artigo 3º, seguinte, assim preceitua: "Todos os cidadãos têm a mesma dignidade social e são iguais perante a Lei, sem discriminação de sexo, de raça, de língua, de religião, de opiniões políticas, de condições pessoais e sociais. Cabe à República remover os obstáculos de ordem social e econômica que, limitando de fato a liberdade e a igualdade dos cidadãos, impedem o pleno desenvolvimento da pessoa humana e a efetiva participação de todos os trabalhadores na organização política, econômica e social do país".

No mesmo sentido, a Lei Fundamental de Bonn, em seu artigo 1º, estabelece que "A dignidade da pessoa humana é inviolável. Todas as autoridades públicas têm o dever de a respeitar e proteger. O povo alemão reconhece, por isso, os direitos invioláveis e inalienáveis da pessoa humana como fundamentos de qualquer comunidade humana, da paz e da justiça no mundo. Os direitos fundamentais", enunciados naquele texto constitucional, "vinculam, como direito diretamente aplicável, os poderes legislativo, executivo e judiciário".

A partir daí a condição humana passou a ser valorizada em outros países, que acabaram por inserir, em suas Constituições, a proteção da dignidade da pessoa humana. No Brasil, ela foi alçada a princípio fundamental na Constituição Federal de 1988, que, em seu artigo 1º, inciso III, considera a dignidade da pessoa humana como um dos fundamentos do Estado brasileiro, ou seja, um de seus valores primordiais e imediatos.

Comentando essa disposição constitucional, explica Celso Ribeiro Bastos[226] que, "Embora dignidade tenha um conteúdo moral, parece que a preocupação do legislador constituinte foi mais de ordem material,

---

[225] Artigos 2º e 3º da Constituição italiana e artigo 1º da Lei Fundamental de Bonn, cujos textos são citados, em tradução livre, pelo mesmo autor Carlyle Popp (ob. cit., p. 160, nota de rodapé nº 29) e adiante reproduzidos.

[226] Curso de Direito Constitucional, Ed. Saraiva, São Paulo, 12ª ed., 1990, p. 148.

ou seja, a de proporcionar às pessoas condições para uma vida digna, principalmente no que tange ao fator econômico. Por outro lado, o termo dignidade da pessoa visa condenar práticas como a tortura, sob todas as suas modalidades, o racismo e outras humilhações tão comuns no dia-a-dia de nosso país. Este foi, sem dúvida, um acerto do constituinte, pois coloca a pessoa humana como fim último de nossa sociedade e não como simples meio para alcançar certos objetivos como, por exemplo, o econômico".

No âmbito do direito contratual, o princípio da dignidade da pessoa humana tem aplicação no sentido de assegurar que um dos contratantes não seja levado à ruína financeira, não tenha que dispor de grande parte de seu patrimônio, nem tenha que arcar com desvantagem injustificada, para o cumprimento de uma obrigação que se tornou excessivamente onerosa, em virtude de repentina e acentuada alteração das bases econômicas do negócio, provocada por fato superveniente à celebração do contrato.

Assim, não se pode impor o cumprimento de uma prestação que passou a ser desproporcional, relativamente à respectiva contraprestação, e que, por isso, trará prejuízos exorbitantes a uma das partes ou benefícios também excessivos à outra, sob pena de violar o princípio constitucional da dignidade da pessoa humana. Nas hipóteses de desequilíbrio superveniente, deve proceder-se à revisão judicial do contrato, eliminando-se ou alterando-se as cláusulas e condições que passaram a gerar onerosidade excessiva.

5.3.8. Conclusão

Os princípios e as teorias de Direito Contratual não são incompatíveis entre si, mas concorrentes, de maneira que, em determinadas situações, alguns princípios prevalecem sobre outros e servem de fundamento para revisão ou resolução dos contratos cujas prestações tenham se tornado excessivamente onerosas.

Tais princípios e teorias devem coexistir em harmonia, sempre objetivando o equilíbrio nas relações contratuais e tendo em vista a boa-fé objetiva, a função social do contrato e a dignidade da pessoa humana, atenuando-se os princípios da autonomia da vontade e da força obrigatória dos contratos, sempre que surgirem, na fase de cumprimento obrigacional, a onerosidade excessiva e o desequilíbrio contratual; isso independentemente da previsibilidade ou imprevisibilidade do fato que alterar as bases econômicas do contrato.

Os fundamentos acima referidos representam uma limitação ao princípio *pacta sunt servanda*, pelo qual os contratos criam lei entre as partes e, por isso, devem ser cumpridos da maneira como celebrados, ou seja, sem qualquer alteração posterior.

Esse princípio da força obrigatória dos contratos sofre tal limitação nos casos de onerosidade excessiva superveniente, em razão da necessidade de serem alteradas as cláusulas e condições do negócio que passaram a provocar o desequilíbrio entre as prestações.

Portanto, os contratos devem ser cumpridos, mas de forma equilibrada e justa, sem que proporcionem, de um lado, o enriquecimento injustificado (sem causa) e, de outro lado, a ruína financeira ou desfalque patrimonial da parte contratante.

5.4. Institutos afins
5.4.1. Teoria da imprevisão

Informa Paulo Carneiro Maia[227] que a cláusula *rebus sic stantibus* foi acolhida nos séculos XII e XIII, desenvolveu-se e afirmou-se nos séculos XIV a XVI, ensejando fértil literatura e atingindo o seu apogeu, que perdurou até fins do século XVIII, quando, então, entrou em decadência.[228]

Comenta, ainda, que, se não fossem algumas decisões judiciais esporádicas aplicando-a, o estudo da cláusula *rebus sic stantibus* seria relegado ao campo histórico.

Posteriormente, com a primeira guerra mundial (1914) e suas imprevistas consequências, ressurgiu a cláusula *rebus sic stantibus*, com a nova denominação de teoria da imprevisão.[229]

Entretanto, esclarece Paulo Carneiro Maia[230] que, embora "os colapsos que atingem os fundamentos econômico-jurídicos dos contratos" sejam mais frequentes e explicáveis em tempos de conflitos armados, que quase

---

[227] Da cláusula *rebus sic stantibus*, cit., pp.16 e 17.
[228] Ver, também, obra anterior de Arnoldo Medeiros da Fonseca, Caso Fortuito e Teoria da Imprevisão, Ed. Tipografia do Jornal do Comércio, Rio de Janeiro, 1932, pp. 8, 9, 137 e 138.
[229] Conforme relata Arnoldo Medeiros da Fonseca, Caso Fortuito e Teoria da Imprevisão, cit., p. 138.
[230] Da cláusula *rebus sic stantibus*, cit., p. 18.

sempre geram desequilíbrio econômico e conturbação política, produzindo instabilidade geral, a guerra não é a causa geradora e exclusiva da cláusula *rebus sic stantibus*.

Pondera o Professor que essa cláusula manifesta-se em todas as épocas, em tempos de paz e de guerra, "desde que concorram acontecimentos extraordinários e imprevisíveis". E argumenta que os fatores extraordinários que atingem as bases econômicas do contrato "não são privativos das condições gerais de instabilidade que a guerra acarreta", sendo que, também "nos períodos de concórdia dos povos, o surgimento de fatos imprevistos e invencíveis pode tornar impossível o cumprimento de cláusulas contratuais".

Desse modo, independentemente de ter ressurgido por ocasião da primeira grande guerra, a cláusula *rebus sic stantibus* vem sendo aplicada desde então até os dias atuais, para proteger o contratante que, repentinamente, se vê impossibilitado de cumprir sua obrigação, em virtude de brusca e inesperada alteração das circunstâncias econômicas que existiam inicialmente, quando da celebração do contrato.

A teoria da imprevisão permite a revisão do contrato que está em curso, quando o mesmo é atingido por um fato superveniente imprevisto ou imprevisível que altera as circunstâncias iniciais, existentes no momento da sua formação, modificando seu conteúdo econômico e gerando onerosidade excessiva para uma das partes contratantes.

Embora o nosso Código Civil de 1916 não tenha acolhido a teoria da imprevisão, pois não apresentava regra expressa prevendo a revisão dos contratos, nas hipóteses referidas, considerava-se que a cláusula *rebus sic stantibus* estava sempre implícita em todos os contratos de longa duração e a teoria da imprevisão era aplicada por nossos tribunais, mas somente nos casos em que estivessem presentes os seus pressupostos que são apontados pela Doutrina.

Segundo Arnoldo Medeiros da Fonseca[231], caso fosse consagrada a teoria da imprevisão no direito positivo, à época, os pressupostos de sua aplicação seriam os seguintes: "a) alteração radical no ambiente objetivo existente ao tempo da formação do contrato, decorrente de circunstâncias imprevistas e imprevisíveis; b) onerosidade excessiva para o devedor e não compensada por outras vantagens auferidas anteriormente, ou ainda

---

[231] Caso Fortuito e Teoria da Imprevisão, cit., pp. 196 e 197.

esperáveis, diante dos termos do ajuste; c) enriquecimento inesperado e injusto para o credor, como consequência direta da superveniência imprevista".

Também Paulo Carneiro Maia[232] apresenta os seguintes critérios que entende desejáveis para delimitar a aplicação da teoria da imprevisão: "1º) O acontecimento determinante da mudança de circunstâncias deve ser imprevisível ao tempo da celebração do contrato de execução sucessiva ou diferida; 2º) Este acontecimento deve ser anormal, no âmbito da álea extraordinária, fundando-se na lesão subjetiva, o que, se previsível, não teria levado as partes à conclusão do contrato; 3º) Não basta qualquer mudança, mesmo as não previstas de ordinário, mas sim é preciso que ela tenha sido extraordinária e altere profundamente o equilíbrio das prestações, ocasionando a ruína ou prejuízo sobremaneira gravoso para uma das partes".

E arremata: "O efeito da teoria da imprevisão é, em regra, o da *revisão* judicial desse contrato, para o restabelecimento de seu equilíbrio, ordenando-se, todavia, a *rescisão* contingente, *ex nunc*, em hipóteses especiais, quando tal acontecimento imprevisível e lesionário torne o contrato inexequível em sua essência ou em todas as suas cláusulas".

Certamente, o Professor quis referir-se à resolução do contrato, e não à sua rescisão, pois esta implicaria a existência de uma conduta culposa atribuída a uma das partes contratantes e ensejaria indenização das perdas e danos sofridos pela outra parte; o que não ocorre nas hipóteses de aplicação da teoria ora analisada, que tem como um de seus requisitos a ocorrência de um fato alheio à vontade das partes, ou seja, sem que tenha havido a participação de qualquer dos contratantes na ocorrência do fato.

Com a mesma propriedade, e procurando especificar um pouco mais os pressupostos de aplicação da teoria da imprevisão, Regina Beatriz Tavares da Silva Papa dos Santos[233] enumera os seguintes: 1) "*Contrato de execução sucessiva ou diferida*"; realmente, como o contrato extingue-se, também, pelo cumprimento integral das obrigações pactuadas, tratando--se de contrato de execução instantânea ou imediata, assim que efetivado

---

[232] Da cláusula *rebus sic stantibus*, cit., pp. 258 e 259.
[233] Cláusula "Rebus Sic Stantibus" ou Teoria da Imprevisão – Revisão Contratual, Ed. Cejup, Belém, 1989, pp. 36 a 38.

o negócio pelas partes, não estará mais sujeito a modificações, por estar extinto. 2) "*Imprevisibilidade e superveniência do acontecimento* gerador da modificação das circunstâncias à época da celebração do contrato, de tal forma que se fosse previsível ou já tivesse ocorrido não teriam as partes contratado". 3) "*Anormalidade do acontecimento* turbador do contrato, de maneira que transforme profundamente a situação de equilíbrio existente em sua conclusão. Deve-se, pois, tratar de evento extraordinário e não corriqueiro, ou seja, de acontecimento incomum à época e no local da formação do contrato". 4) "*Acontecimento estranho às partes contratantes*, isto é, não deve ter havido qualquer participação dos contratantes na ocorrência do evento ocasionador da alteração das circunstâncias". 5) "*Onerosidade contratual excessiva* para uma das partes, com graves prejuízos para ela, em virtude do fato imprevisto, tornando-se ruinoso o cumprimento de suas obrigações na forma ajustada".

Quanto a esse pressuposto, a Professora entende que não é necessário que ocorra também o enriquecimento injustificado de uma das partes contratantes, "favorecida pelo desequilíbrio contratual", "pois casos há em que a onerosidade excessiva para uma das partes não implica em lucro excessivo para a outra, mas, sim, até em algum prejuízo, por sofrer também as consequências da alteração das circunstâncias e, além disso, a finalidade principal da teoria da imprevisão é socorrer o contratante que será lesado pelo desequilíbrio contratual e não punir a parte que se enriquecerá com esse desequilíbrio".

E continua a Professora em sua enumeração dos pressupostos, sob cogitação: 6) "*Execução parcial do contrato* a ser revisto ou resolvido", ou seja, "O contrato não deve ter sido executado em sua totalidade quando da ocorrência do acontecimento turbador, restando ao menos alguma prestação a ser efetuada"; de fato, se o contrato já tiver sido cumprido integralmente pelas partes, estará extinto e, portanto, não mais suscetível de sofrer alterações em seus aspectos econômicos.[234] 7) "*Inexistência de mora* da parte que pleiteia a revisão ou resolução contratual", pois se a parte já estiver inadimplente quando o contrato for atingido pelo fato superveniente, já estará em vias de provocar a sua rescisão, não podendo ser socorrida pela teoria da imprevisão.

---

[234] Para efeito de aplicação da teoria da imprevisão, pois o contrato pode sofrer alteração em seus aspectos econômicos, na hipótese de vício redibitório.

Nosso Código Civil de 2002, por sua vez, acolheu a teoria da imprevisão em dois de seus dispositivos legais. O artigo 317 assim dispõe: "Quando, por motivos imprevisíveis, sobrevier desproporção manifesta entre o valor da prestação devida e o do momento de sua execução, poderá o juiz corrigi-lo, a pedido da parte, de modo que assegure, quanto possível, o valor real da prestação".

E o artigo 478 prevê que, "Nos contratos de execução continuada ou diferida, se a prestação de uma das partes se tornar excessivamente onerosa, com extrema vantagem para a outra, em virtude de acontecimentos extraordinários e imprevisíveis, poderá o devedor pedir a resolução do contrato". A resolução poderá ser evitada se o demandado oferecer-se "a modificar equitativamente as condições do contrato", conforme complementa o artigo 479 do mesmo Diploma legal.

Nossos tribunais continuaram aplicando a teoria da imprevisão, com as mesmas inconveniências e injustiças que a acompanham, decorrentes da exigência da imprevisibilidade do fato superveniente que altera as circunstâncias do negócio realizado.

O principal problema da teoria da imprevisão é limitar-se a uma análise superficial do fato superveniente alterador das circunstâncias negociais. Segundo essa teoria, por exemplo, são previsíveis e, portanto, não autorizam a revisão do contrato a inflação, a desvalorização da moeda e as oscilações dos preços de materiais de construção, das taxas de câmbio de moedas estrangeiras e dos índices de correção monetária, entre outros.

Não há dúvida de que esses fatos são previsíveis, como também o são muitos outros acontecimentos da vida cotidiana, que produzem efeitos nas relações contratuais. Em verdade, a grande maioria dos fatos pode ocorrer, é previsível, e isso torna demasiadamente difícil e restrita a aplicação da teoria da imprevisão, dando azo a inúmeras situações de desequilíbrio contratual que permanecerão sem solução, causando enriquecimentos e/ou desfalques patrimoniais injustificados.

Essa análise superficial do fato superveniente alterador das circunstâncias negociais não é suficiente para realizar a justiça contratual que está alicerçada no equilíbrio das prestações. Com efeito, deve realizar-se um exame mais acurado desse fato superveniente, verificando o quanto representou a variação ocorrida. Assim, ainda que seja previsível, deve ser quantificada a oscilação ocorrida nos valores, taxas, índices e demais critérios de precificação e de correção aplicáveis às prestações pendentes de cumprimento, e verificados quais os efeitos por ela produzidos na relação contratual.

Em termos práticos, imaginem-se três exemplos: 1) contrato de empreitada objetivando a construção de uma casa; 2) contrato de venda e compra a prazo, com parcelas corrigidas por determinado índice baseado na inflação; 3) contrato de venda e compra com financiamento a ser quitado em parcelas corrigidas conforme a taxa de câmbio do dólar norte americano. Nesses três contratos, são previsíveis alterações nos custos de material e de mão de obra da construção; no índice de correção monetária escolhido; e na taxa de câmbio estipulada, considerando-se o seu histórico recente no momento da realização do negócio.

Porém, se na fase de cumprimento desses contratos, as aludidas oscilações extrapolarem os limites da normalidade e dos riscos próprios desses contratos, estar-se-á diante de uma situação de imprevisibilidade. Ou seja, o fato em si é previsível, mas o grau ou a intensidade em que pode ocorrer é imprevisível.

Por isso, a teoria da imprevisão não é suficiente para resolver todos os casos de onerosidade excessiva e de desequilíbrio contratual supervenientes, notadamente aqueles que decorrem de fatos que, embora sejam previsíveis (possam ocorrer), não são esperados pelas partes contratantes ou por uma delas, na intensidade em que acabam ocorrendo.

Como visto, essa teoria aplica-se somente nas hipóteses em que a alteração do conteúdo econômico do contrato ainda em curso e a onerosidade excessiva superveniente tenham sido ocasionadas por fato imprevisto ou imprevisível que torne impossível ou insuportável o cumprimento da obrigação por uma das partes contratantes.

Como ressalta Álvaro Villaça Azevedo,[235] "há situações que ocorrem, de um momento a outro e que podem ser previstas e causam desequilíbrio contratual, ficando obstada de aplicar-se a teoria da imprevisão". Cita como exemplo a ocorrência de inflação, em face da qual os nossos Supremo Tribunal Federal e Superior Tribunal de Justiça, por ser ela previsível, geralmente têm considerado inaplicável a teoria da imprevisão, embora a inflação possa causar um desequilíbrio substancial do contrato.

Por essa razão, conclui o Professor ser "melhor utilizar o princípio da onerosidade excessiva, porque ele mede, objetivamente, o desequilíbrio

---

[235] Princípios Gerais de Direito Contratual, cit., p. 9.

no contrato, com a insuportabilidade de seu cumprimento por um dos contratantes. Com essa lesão objetiva, um dos contratantes só tem benefícios e o outro só desvantagens", "quebrando-se o princípio fundamental dos contratos, o da comutatividade".[236]

Relativamente à aplicação da teoria da imprevisão, nos casos de onerosidade excessiva e desequilíbrio provenientes da alta da inflação, o entendimento jurisprudencial majoritário é desfavorável. Confiram-se algumas decisões, entre outras:

"As consequências da 'crise do subprime' para o mercado financeiro mundial trouxeram prejuízos incalculáveis para investidores dos mais variados, e a forma como aconteceu torna o fato como imprevisível, porém, tal ocorrência não afetou diretamente o negócio (...) 'Fatos como mudança de padrão monetário (RT 634/83); inflação (RT 388/134; RT 655/151; RT 659/141; RT 654/157; RT 643/87); recessão econômica (RT 707/102; RT 697/125); planos econômicos (RT 788/271); aumento do déficit público; majoração ou minoração de alíquotas; variação de taxas cambiais e desvalorizações monetárias não podem ser considerados imprevisíveis no Brasil'."[237]

"Teoria da imprevisão – Não demonstração da ocorrência de eventos imprevisíveis e extraordinários que tornassem o cumprimento da prestação exageradamente onerosa – Inflação e demais alterações na economia que se apresentam como fenômenos previsíveis entre os brasileiros – Circunstâncias que recomendam a permanência, sem alteração, da avença havida entre as partes".[238]

"O princípio da onerosidade excessiva, com fundamento na teoria da imprevisão, aplica-se em casos excepcionais, quando o acontecimento extraordinário e não previsível pelas partes contratantes traga grave alteração da base negocial (...) Conforme precedentes do STJ, 'A escalada inflacionária não é um fator imprevisível, tanto mais quando avençada pelas

---

[236] Princípios Gerais de Direito Contratual, cit., p. 10.
[237] Apelação Cível nº 0034875-62.2011.8.17.0001, Relator Desembargador Antônio Fernando de Araújo Martins, 6ª Câmara Cível do Tribunal de Justiça de Pernambuco, julgada em 10/09/2019.
[238] Apelação Cível nº 9162145-11.2004.8.26.0000, Relator Desembargador Castro Figliolia, 12ª Câmara de Direito Privado do Tribunal de Justiça de São Paulo, julgada em 24/08/2011.

partes a incidência de correção monetária' (...) No caso em tela, já era do conhecimento do autor a presença da escalada inflacionária, e foi avençado pelas partes que o valor financiado seria reajustado de acordo com índice de correção monetária pactuado contratualmente, vale dizer, a OTN, cujo fator era estabelecido pelo Conselho Monetário Nacional, por força do Decreto-lei 2.290/86".[239]

Nota-se, nas decisões citadas, que somente foi levada em consideração a ocorrência do fato em si (inflação), que era previsível, não se atentando, contudo, ao grau ou à intensidade em que ocorreu.

Desse modo, se não for aplicada a teoria da imprevisão, a revisão contratual pode ser autorizada na hipótese de desequilíbrio superveniente causado pela elevação acentuada da inflação. Como decidiu o Superior Tribunal de Justiça:

"celebrado o contrato de promessa de compra e venda, com prestações diferidas, sem cláusula de correção monetária, durante o tempo de vigência do plano Cruzado, quando se esperava debelada a inflação, a superveniente desvalorização da moeda justifica a revisão do contrato, cuja base objetiva ficou substancialmente alterada, para atualizar as prestações de modo a refletir a inflação acontecida depois da celebração do negócio" (...) "É entendimento consolidado da Corte que a evolução dos fatos econômicos tornou insustentável a não-incidência da correção monetária, sob pena de prestigiar-se o enriquecimento sem causa do devedor, constituindo ela imperativo econômico, jurídico e ético indispensável à plena indenização dos danos e ao fiel e completo adimplemento das obrigações".[240]

---

[239] Apelação Cível nº 0004194-98.1991.4.02.5001, Relator Desembargador Theofilo Miguel, 7ª Turma Especializada do Tribunal Regional Federal da 2ª Região, julgada em 12/11/2008. No mesmo sentido, Apelação Cível nº 2002.018738-6, Relator Desembargador Pedro Manoel Abreu, 3ª Câmara de Direito Público do Tribunal de Justiça de Santa Catarina, julgada em 12/07/2005.

[240] Recurso Especial nº 94.692-RJ, Relator Ministro Salvio de Figueiredo Teixeira, 4ª Turma, julgado em 25/06/1998. No mesmo sentido, Recurso Especial nº 135.151-RJ, Relator Ministro Ruy Rosado de Aguiar, 4ª Turma, julgado em 08/10/1997; Recurso Especial nº 8.473-RJ, Relator Ministro Athos Carneiro, 4ª Turma, julgado em 23/10/1991. Ver, ainda, Recurso Especial nº 14.971-RS, Relator Ministro Nilson Naves, 3ª Turma, julgado em 18/02/1997; Recurso Especial nº 111.990-RS, do mesmo Relator e Turma, julgado em 29/06/1998.

No tocante à crise cambial ocorrida em 1999, os tribunais determinaram a revisão e adaptação de cláusulas contratuais, para restabelecimento do equilíbrio das prestações, aplicando a teoria da imprevisão, como se verifica em algumas decisões, entre outras:

"Contrato firmado em moeda estrangeira (dólar). Variação cambial. Onerosidade excessiva em decorrência da variação cambial em janeiro de 1999. Revisão do contrato para que seja substituído o índice de reajuste das prestações, de dólar para o INPC. Admissibilidade. Onerosidade excessiva que permite a aplicação da teoria da imprevisão".[241]

Arrendamento mercantil (leasing). Correção monetária. Reajuste. Variação. Moeda estrangeira. (...) Em razão da maxidesvalorização do Real frente ao Dólar no alvorecer do ano de 1999, admite-se a aplicação da teoria da imprevisão a permitir a revisão de contratos com cláusula de correção monetária pela variação cambial de moeda estrangeira.[242]

Referindo-se a essa crise cambial, que gerou onerosidade excessiva em contratos de financiamento de veículos com cláusula de reajuste vinculada à cotação da moeda norte americana, ressalta César Fiuza que "A alta do dólar era, de certa forma, fato previsível, ainda mais em país instável como o nosso. Ocorre que foi repentina e muito elevada, suscitando absurdo desequilíbrio entre as prestações das partes. O preço a prazo dos carros mais do que dobrou, em relação ao preço à vista. Ainda que não se queira proceder à revisão contratual, com base na teoria da imprevisão, por demais subjetiva, pode-se, perfeitamente, aplicar a cláusula *rebus sic stantibus*, invocando o subsídio da teoria da base negocial, uma vez que nela não se encontra qualquer traço de subjetivismo".[243]

---

[241] Apelação Cível nº 0002315-70.2015.8.26.0100, Relator Desembargador Marcondes D'Angelo, 25ª Câmara de Direito Privado do Tribunal de Justiça de São Paulo, julgada em 14/07/2016. No mesmo sentido, Apelação nº 0463930-82.2000.8.06.0001, Relator Desembargador Durval Aires Filho, 4ª Câmara de Direito Privado do Tribunal de Justiça do Ceará, julgada em 26/09/2017.

[242] Embargos de Declaração no Recurso Especial nº 742.717-SP, Relatora Ministra Maria Isabel Gallotti, 4ª Turma do Superior Tribunal de Justiça, julgado em 08/11/2011.

[243] Aplicação da cláusula *rebus sic stantibus* aos contratos aleatórios, cit., p. 9.

Portanto, deve ser mantido o equilíbrio contratual, independentemente da previsibilidade ou imprevisibilidade do fato superveniente que vem a atingir o contrato em curso, pois não parece justo nem correto um dos contratantes obter um ganho exagerado, que sequer vislumbrava quando celebrou o contrato, e o outro contratante sofrer um sacrifício também excessivo para o cumprimento de sua obrigação, que igualmente não imaginava quando realizou o negócio.

5.4.2. Cláusula de escala móvel

A cláusula de escala móvel é o instrumento contratual de proteção contra a desvalorização da moeda que ocorre em tempos de inflação. Tem como escopo restabelecer o equilíbrio entre prestação e contraprestação, por meio do reajuste do valor das prestações que serão pagas, de acordo com o índice de correção estipulado pelas partes, que mede as variações monetárias de um determinado período.

Explica Arnoldo Wald[244] que "As relações de direito privado eram transformadas e completamente desfiguradas pelas variações do valor da moeda. A prática procurou meios de defesa contra a depreciação monetária enquanto o legislador insistia em manter a 'ilusão da moeda estável'. Numa primeira etapa, reconheceu-se, depois da guerra de 1914, os efeitos da depreciação monetária em certos contratos continuativos".

Entretanto, continua esse Professor, "Na realidade, só no século XX, com os trabalhos de IRVING FISHER e outros, os economistas reconheceram a instabilidade da moeda. Antigamente, pensava-se que os preços das mercadorias subissem, mas não se concebia que a moeda pudesse perder o seu poder aquisitivo".[245]

E arremata: "Uma vez firmado o princípio da variação do poder aquisitivo da moeda, os juristas procuraram incluir nos contratos cláusulas que pudessem proteger as relações jurídicas de direito privado contra essas mutações, que as partes não previram nem desejaram e que constituíam um elemento estranho e aleatório a perturbar o equilíbrio entre as prestações dos contratantes. Entre os remédios surgidos, especialmente nos países de economia inflacionista, como o nosso, avulta a cláusula de escala móvel".

---

[244] A Cláusula de Escala Móvel, Ed. Nacional de Direito, Rio de Janeiro, 2ª ed., 1959, p. 27.
[245] A Cláusula de Escala Móvel, cit., p. 28.

Após essas considerações iniciais, o mesmo Professor Arnoldo Wald define cláusula de escala móvel, "também denominada cláusula escalar, cláusula de escalonamento ou cláusula número índice como sendo aquela que estabelece uma revisão, preconvencionada pelas partes, dos pagamentos que deverão ser feitos de acordo com as variações do preço de determinadas mercadorias ou serviços ou do índice geral do custo da vida ou dos salários".[246]

Assim, para que não haja prejuízo decorrente da desvalorização monetária, as partes contratantes, utilizando-se de uma cláusula de escala móvel, expressa no texto do contrato, podem estabelecer que as prestações a serem pagas sejam atualizadas conforme as variações de um índice governamental, como o INPC, de um índice que meça as alterações de preços de mercadorias e serviços, por exemplo, no mercado da construção civil, como o editado pelo Sinduscon, etc., ou de uma aplicação financeira, como a caderneta de poupança, entre outros mecanismos econômicos de medição das variações monetárias.

Lembra Álvaro Villaça Azevedo[247] da época anterior ao Plano Real, em que nossa moeda desvalorizava-se dia a dia e "o problema do pagamento em dinheiro agravava-se com perspectivas sombrias ao Direito, pois qualquer prazo, e mesmo atraso, na realização obrigacional desse tipo colocava o credor em verdadeira desvantagem perante o devedor". "Diante desse problema da constante perda valorativa do nosso dinheiro, aplicou-se e aplica-se, muito, entre nós, a cláusula de escala móvel, corretiva do valor do objeto da prestação".

Em seguida, exemplifica esse Professor: "se o proprietário de uma loja a alugar a um comerciante, poderão fixar no contrato de locação comercial que o aluguel seja, automaticamente, atualizado, de acordo com o índice escolhido pelas partes. Daí o nome de cláusula de escala móvel, pois essa cláusula, que fixa o valor do aluguel, estará, sempre, sendo alterada, de acordo com o aumento mencionado".

A cláusula de escala móvel é, pois, um importante instrumento para manter o equilíbrio e o sinalagma contratual, nas obrigações de pagamento em dinheiro, podendo as partes contratantes estabelecer que o

---

[246] A Cláusula de Escala Móvel, cit., pp. 99 e 100.
[247] Curso de Direito Civil, vol. II, Teoria Geral das Obrigações e Responsabilidade Civil, Ed. Saraiva Jur, São Paulo, 13ª ed., 2019, p. 127.

valor das prestações a vencer seja atualizado por determinado índice de correção, aplicando-se-o na data do efetivo pagamento.

Portanto, nos contratos de longa duração, permite-se a incidência de correção monetária para que o credor das prestações vincendas não seja prejudicado pela desvalorização do dinheiro, em tempos de inflação. A correção monetária é, pois, um remédio para evitar o desequilíbrio contratual, uma vez que mantém atualizado o valor do objeto da prestação. Mesmo se não houver inflação no momento da celebração do contrato, podem as partes estipular a chamada correção monetária pós-fixada, para a eventualidade de ocorrer inflação e desvalorização monetária, na vigência do contrato.

Nesse sentido, decidiu a 4ª Turma do Superior Tribunal de Justiça que "A correção monetária nada acrescenta ao débito, atuando como mero fator de preservação econômica da moeda aviltada por processo inflacionário". Entendeu, ainda, tratar-se, naquele caso, de "Contrato com taxa de correção pós-fixada, ou seja, não há a previsão de inflação embutida, mas apenas a garantia de que, verificada a desvalorização da moeda no período, será ela recomposta no mesmo valor de compra que detinha na data do ajuste".[248]

Nesse julgado, é citada outra decisão que foi proferida simultaneamente, mas em outro recurso, que admitiu a incidência de correção monetária no período abrangido pelo chamado Plano Verão, apresentando o seguinte fundamento: "Nossos reiterados precedentes, versantes sobre os sucessivos planos econômicos, que continham disposição que determinava o congelamento de preços e salários, sempre foram no sentido de admitir a aplicação de deflatores que tinham por escopo expurgar correção monetária pré-fixada (...) Contudo, na atualidade, nossa jurisprudência trilhou novos rumos, no sentido de admitir a correção monetária nos contratos em que o índice de atualização fosse pós-fixado, ou seja, remetesse para um evento futuro, no qual a eventual desvalorização do poder aquisitivo da moeda pudesse ser mensurado e reposto através da aplicação de indicadores econômicos".[249]

---

[248] Recurso Especial nº 42.226-SP, Relator Ministro Bueno de Souza, julgado em 17/12/1996.
[249] Recurso Especial nº 34.676-SP, Relator Ministro Bueno de Souza, julgado também em 17/12/1996.

E nessa última decisão, é citado outro precedente da mesma 4ª Turma do Superior Tribunal de Justiça, no qual é estabelecida a distinção entre contrato com taxa de correção pré-fixada e contrato com taxa de correção pós-fixada.[250] Neste último, existe somente uma previsão de que, havendo inflação e desvalorização da moeda, no período de vigência do contrato, será efetuada a atualização das prestações pendentes, recompondo-se a moeda no valor de compra que tinha na data da celebração do contrato.

A correção monetária pós-fixada funciona, pois, como uma garantia para o caso de haver inflação no período de execução do contrato, ficando sua incidência sob condição suspensiva; enquanto a correção monetária pré-fixada tem sua incidência imediata, assim que se inicia a fase de cumprimento do contrato.

Portanto, a cláusula de escala móvel foi criada para manter o equilíbrio entre as prestações nos contratos de execução continuada, periódica ou diferida. E ela o faz atualizando as prestações para que não sofram perda monetária com o passar do tempo. Essa cláusula modifica os valores das prestações vincendas, na data de seu pagamento, efetuando revisões seguidas no contrato em curso de execução.

Se o ordenamento jurídico admite que as partes contratantes estipulem a revisão contratual utilizando-se de cláusula de escala móvel, a fim de que seja garantida a equivalência entre as prestações, deve permitir também e prever essa revisão sempre que as partes forem surpreendidas por fato superveniente que altere o conteúdo econômico do contrato e provoque desequilíbrio entre as prestações.

5.4.3. Lesão enorme

O instituto da lesão enorme surgiu no ano 295 d.C., mediante uma constituição de Diocleciano e Maximiliano, denominada "Lei Segunda", que possibilitava ao vendedor requerer a rescisão do contrato de venda de imóvel cujo preço fosse inferior à metade do valor real de mercado do bem. Porém, concedia ao comprador a oportunidade de evitar a rescisão do negócio, mediante a oferta da quantia que faltasse para inteirar o justo preço.

---

[250] Recurso Especial nº 74.980-MG, Relator Ministro Sálvio de Figueiredo Teixeira, julgado em 23/04/1996.

De fato, em resposta a uma consulta de Aurélio Lupo, aqueles imperadores proferiram decisão que se encontra no Código de Justiniano (*Codex*), nos seguintes termos: "Se tu ou teu pai houver vendido por menor preço uma coisa de preço maior, é humano que, restituindo tu o preço aos compradores, recebas o imóvel vendido mediante a intervenção da autoridade do juiz, ou se o comprador preferir, recebas o que falta para o justo preço. Ora, o preço parece ser menor se nem a metade do verdadeiro preço tenha sido paga".[251]

Embora a menção feita a "imóvel vendido" leve à interpretação de que a lesão enorme só se aplicava aos contratos de venda de bens imóveis, entende Eliane Maria Agati Madeira[252] que "é possível caracterizar-se a *laesio enormis* tanto no tocante ao contrato de compra de imóveis quanto móveis. Tal interpretação, apoiada no texto do rescrito imperial, é explicada dado que Diocleciano, ao referir-se a *res*, o fez num contexto hipotético" e de modo abstrato, genérico. Somente em seguida, proferiram os imperadores a decisão para aquele caso concreto de venda de bem imóvel por preço irrisório.

Assim, a lesão enorme constituía a excessiva desproporção entre as prestações pactuadas, superior a cinquenta por cento, existente desde o momento da formação do contrato e da estipulação do preço do objeto, tratando-se, pois, de desequilíbrio originário.

Aliás, é nesse ponto que a lesão enorme difere da onerosidade excessiva tratada na cláusula *rebus sic stantibus* e na teoria da imprevisão, que é superveniente à celebração do contrato e decorre de fato extraordinário alheio à vontade das partes contratantes.

Com o passar do tempo, o instituto da lesão enorme foi sofrendo alterações em seu fundamento e, consequentemente, em seu conceito e natureza jurídica, surgindo novas acepções ante a necessidade de se ampliar a tutela oferecida pelo instituto.

Nesse sentido, ressalta Orlando Gomes[253] que a proteção jurídica da *lesão* "não poderia continuar a ser dispensada a um eventual vendedor de bem imóvel que consentira em aliená-lo por preço muito inferior ao

---

[251] C.4.44.2, citada por Eliane Maria Agati Madeira, *Laesio Enormis*, Tese de Doutorado apresentada na Faculdade de Direito da Universidade de São Paulo, 1988, p. 48.
[252] *Laesio Enormis*, cit., p. 59.
[253] Transformações Gerais do Direito das Obrigações, cit., p. 32.

seu valor real. Deveria dirigir-se à massa de consumidores, de pessoas que precisam utilizar serviços de interesse público ou necessitam de crédito, enfim de quantos não podem resistir à superioridade econômica das grandes empresas e dos monopólios virtuais".

Atualmente, existem três diferentes espécies de lesão: a lesão enorme, que é a mais antiga e surgiu no Direito Romano, depois da época clássica, como mencionado acima; a lesão usurária, ou usura real, que é prevista no Código Civil alemão (BGB); e a lesão especial, que é a mais recente, prevista no nosso Código Civil.[254]

Em todas essas espécies de lesão, existe uma situação de desequilíbrio exagerado, proporcionando benefício excessivo a uma das partes e acarretando grave prejuízo à outra, desde o início da relação jurídica contratual. Porém, existem algumas diferenças, como aponta Antonio Junqueira de Azevedo.[255]

A lesão enorme caracteriza-se pela simples existência da desproporção, do excesso nas vantagens e desvantagens, sendo o defeito exclusivamente objetivo. Na lesão usurária, embora exista uma situação de necessidade, de inexperiência ou de irreflexão de uma das partes, o que a evidencia é o dolo de aproveitamento do outro contratante, ou seja, a sua intenção ou consciência de realizar o negócio para tirar vantagem daquela situação; não se investiga, pois, na lesão usurária, a vontade da parte prejudicada, mas a vontade do autor da lesão. Quanto à lesão especial, também se caracteriza pela existência de excesso nas vantagens e desvantagens, mas como consequência da necessidade ou inexperiência de uma das partes, no momento da celebração do contrato.

Arremata, pois, Antonio Junqueira de Azevedo[256] que a lesão especial "difere da lesão enorme, porque não basta a desproporção entre a prestação e sua causa, e difere da lesão usurária, porque não se cogita do dolo de aproveitamento da parte beneficiada (portanto, não há que se falar em ato ilícito ou contrário aos bons costumes)".

---

[254] Conforme Antonio Junqueira de Azevedo, Negócio Jurídico e Declaração Negocial, cit., pp. 204 a 206, que sugere o nome *lesão especial* para o instituto que o Código Civil denomina, simplesmente, de lesão.
[255] Negócio Jurídico e Declaração Negocial, cit., pp. 204 a 206.
[256] Negócio Jurídico e Declaração Negocial, cit., p. 206.

Como mencionado, a chamada lesão especial é prevista no nosso Código Civil que, inovando relativamente à codificação anterior (de 1916), que não tratou da matéria, dispõe, em seu artigo 157, *caput*, o seguinte: "Ocorre a lesão quando uma pessoa, sob premente necessidade, ou por inexperiência, se obriga a prestação manifestamente desproporcional ao valor da prestação oposta". E o §1º desse dispositivo legal complementa que a desproporção das prestações aprecia-se "segundo os valores vigentes ao tempo em que foi celebrado o negócio jurídico".

Cumpre notar, inicialmente, que esse dispositivo legal não faz referência ao tipo de negócio realizado pelas partes (se compra e venda, mútuo etc.), nem ao seu objeto (se bem móvel ou imóvel), em razão do que essa lesão aplica-se a todos os negócios jurídicos em que houver, desde a sua formação, excessiva desproporcionalidade entre as prestações pactuadas.

Esse desequilíbrio exagerado deve ser originário, já deve existir no momento da realização do negócio. Para apuração da desigualdade, devem ser apreciados os valores da prestação e da contraprestação vigentes ao tempo do contrato; o que para Caio Mário da Silva Pereira[257] é "um dos pontos mais delicados e difíceis na determinação da ocorrência do ato lesivo", tendo em vista que, "Normalmente, o desfazimento do negócio jurídico ao fundamento da lesão é postulado depois de passado algum tempo (às vezes alguns anos) após a data da celebração".

Acrescenta que, em razão dos sucessivos planos econômicos, com a mudança de moedas, as eliminações de decimais e os cortes de zeros, fica difícil estabelecer o valor pretérito de um objeto após o decurso de algum tempo, de maneira que, na realidade, "não há termo de comparação eficiente que permita confrontar o preço de uma coisa (móvel ou imóvel) na atualidade, com o seu valor há algum tempo, ou decorridos meses ou anos da data do negócio".

Por isso, conclui esse professor: "Para aferir se foi rompido o justo contrapasso das prestações é então mister retornar ao momento da celebração do contrato, e apurar se o preço pago ou recebido era desproporcional ao valor da coisa no momento do negócio". "Trata-se, obviamente, de trabalho cauteloso, demandando uma pesquisa cuidadosa para que se tenha presente o que a coisa valia naquele momento e aquilo que o contratante por ela pagou ou recebeu. Em se encontrando

---

[257] Lesão nos Contratos, Ed. Forense, Rio de Janeiro, 6ª ed., 1997, p. 200.

a desproporcionalidade evidente, poder-se-á afirmar então que o contratante recebeu desabusadamente menos que o valor real ou justo, de um modo tal que entre a prestação de um e a contraprestação paga ou recebida ficou demonstrado que o lucro ou vantagem foi exageradamente exorbitante da normalidade".[258]

Nota-se, também, que nesse dispositivo do Código Civil, faz-se referência a "prestação manifestamente desproporcional", sem ser apresentado critério ou percentual que leve à sua caracterização, ficando, pois, o julgador incumbido de verificar, em cada caso concreto, o que são prestações manifestamente desproporcionais, o que causa certa insegurança ante os diversos critérios que podem ser utilizados pelos inúmeros órgãos jurisdicionais do país.[259]

De comentar-se, ainda, que, para que se verifique a lesão prevista na norma legal sob análise, é necessário que o desequilíbrio excessivo tenha como causa a necessidade ou a inexperiência da parte que sofre o prejuízo. Com isso, distancia-se da lesão enorme do Direito Romano, à qual bastava a existência da desproporção entre as prestações, e que por isso é chamada de *lesão objetiva*.

A esse respeito, esclarece Eliane Maria Agati Madeira[260] que "a regra de apuração puramente matemática romana apresenta vantagens que não deveriam ser abandonadas. Além da rapidez processual, evitando delongas de ordem subjetiva, afastar a lesão dos vícios do consentimento significa a admissão, por parte do direito, de 'defeitos' que alteram a estrutura do ato negocial não pela divergência entre vontade interna e declarada ou pela anomalia no processo de formação da vontade, mas pela exigência maior de ser observado equilíbrio nas relações jurídicas advindas de tais atos".

Em seguida, cita Hélio Borghi,[261] que, ao tratar abstratamente da lesão, ressalta que esse instituto "não é simplesmente mais um defeito do ato ou negócio jurídico: é uma proteção à parte desfavorecida no ato ou

---

[258] Lesão nos Contratos, cit., pp. 200 e 201.
[259] A não ser que a jurisprudência fixe, desde logo, critérios objetivos para apuração dos valores originários das prestações e o percentual de diferença entre elas que evidencia sua excessiva desproporcionalidade.
[260] *Laesio Enormis*, cit., pp. 131 e 132.
[261] A lesão no direito civil, Ed. Universitária, São Paulo, 1988, p. 141.

negócio jurídico e que não se confunde com os vícios do consentimento ou vícios-obstáculos, por ter elementos caracterizadores próprios e, por isso, é um instituto protetivo da comutatividade".

Portanto, ocorrendo a lesão, nos moldes antes mencionados, pode a parte prejudicada requerer a anulação do contrato, voltando os contratantes ao estado anterior à realização do negócio. Entretanto, a parte favorecida pode evitar a anulação, se oferecer a complementação do valor que pagou ou a redução do valor que recebeu, conforme autoriza o artigo 157, §2º, do Código Civil.[262]

5.4.4. Força maior e caso fortuito

São os fatos da natureza, fatos do acaso ou de causa desconhecida, fatos anônimos e os acontecimentos inevitáveis ou impossíveis de impedir e que, por isso, são excludentes de responsabilidade civil.

Dispõe o artigo 393, *caput*, do Código Civil que "O devedor não responde pelos prejuízos resultantes de caso fortuito ou força maior, se expressamente não se houver por eles responsabilizado".[263]

Força maior é o fato da natureza, como um raio que provoca incêndio, uma geada que estraga a lavoura, uma chuva torrencial que danifica imóveis, vírus ou bactéria que provoca doença e óbito, entre outros. Caso fortuito é o fato do acaso ou de causa desconhecida e o fato anônimo (fato de terceiro desconhecido), como, por exemplo, cabo de alta tensão que se rompe; explosão de uma caldeira; estouro de pneu de veículo automotor em movimento; e greve, motim, confronto violento de grupos de pessoas, mudança de governo, entre outros.

Segundo o disposto no artigo 393, parágrafo único, do Código Civil, a força maior e o caso fortuito verificam-se no fato necessário, cujos efeitos não era possível evitar ou impedir. Por isso, para excluir a responsabilidade civil, o fato lesivo deve ser alheio à vontade do agente e estranho a qualquer conduta que lhe seja imputável. É necessário que não tenha

---

[262] Que assim dispõe: "Não se decretará a anulação do negócio, se for oferecido suplemento suficiente, ou se a parte favorecida concordar com a redução do proveito".
[263] A respeito do tema, ver Carlos Alberto Dabus Maluf, Do caso fortuito e da força maior – Excludentes de culpabilidade no Código Civil de 2002, *in* Responsabilidade civil: Estudos em homenagem ao Professor Rui Geraldo Camargo Viana, Coordenadores Rosa Maria de Andrade Nery e Rogério Donnini, Ed. Revista dos Tribunais, São Paulo, 2009, pp. 81 a 102.

havido culpa ou conduta antijurídica concorrendo na produção do resultado danoso. Se houver força maior ou caso fortuito e também culpa de alguém ou falha do serviço público, por exemplo, haverá responsabilidade civil desse culpado ou faltoso.

O que caracteriza a força maior e o caso fortuito é principalmente a sua inevitabilidade, ou seja, a impossibilidade de se evitar o acontecimento causador do dano. Para que exista essa excludente de responsabilidade civil, é necessário que o fato lesivo seja inevitável, irresistível, que esteja fora do controle ou do alcance de qualquer conduta ou atividade.

Se determinado fato lesivo podia ser evitado e não o foi, haverá responsabilidade civil de quem tinha o poder ou condição de impedir a sua ocorrência. Por exemplo, uma enchente ou alagamento causado por chuva torrencial e também por falha do serviço público na limpeza e conservação de bueiros; uma epidemia ou pandemia iniciada por falha na manipulação de vírus ou bactéria em laboratório ou propagada por falha ou ausência de políticas públicas da Administração.

Nesse caso de epidemia ou de pandemia, ela pode ser fato da natureza, tão somente, ou pode ser iniciada ou propagada por alguém. Se for possível identificar o autor desse fato lesivo, responderá ele pelas perdas e danos decorrentes de sua conduta, mas se ele não puder ser identificado, esse fato lesivo será considerado caso fortuito. Portanto, no exemplo ora analisado, a epidemia ou pandemia poderá caracterizar-se como fato gerador de responsabilidade civil, que será objetiva, ou como força maior ou caso fortuito, conforme as circunstâncias de sua ocorrência, ambos excludentes de responsabilidade civil.

Tratando-se de contrato em fase de cumprimento, como a força maior e o caso fortuito são excludentes do dever de indenizar, conforme prevê o artigo 393, *caput*, do Código Civil, geralmente acarretam a impossibilidade de cumprimento da obrigação e a consequente resolução do contrato, que se extingue voltando as partes ao estado anterior (*statu quo ante*), sem incidência indenizatória. Porém, podem resultar em onerosidade excessiva e desequilíbrio entre as prestações com possibilidade de recuperação de sua equivalência e, nesse caso, justificam a revisão e modificação das cláusulas e condições do contrato por eles afetado, para que volte a ser equilibrado e justo o seu adimplemento.

Também é possível que a força maior e o caso fortuito acarretem uma impossibilidade momentânea de cumprimento da obrigação, não porque houve aumento excessivo do valor da prestação, mas porque tiraram a liquidez de um dos contratantes ou criaram obstáculo incontornável ao adimplemento, por um período determinado. Nesse caso, em vez de extinção do contrato, pode proceder-se à sua modificação, determinando-se, por exemplo, a suspensão temporária do adimplemento das prestações ou o seu diferimento, desde que o tempo de duração da impossibilidade momentânea não prejudique ou comprometa a própria finalidade do negócio realizado.

Em razão da notória pandemia da doença Covid-19, em 2020, causada pelo extremamente contagioso coronavírus SARS-CoV-2, decisões judiciais foram proferidas decretando a resolução de contratos, diante de situações de impossibilidade de adimplemento obrigacional incontornável;[264] e outras decisões entenderam por bem modificar cláusulas e condições contratuais a título de solução passageira para evitar a extinção de contratos no período de isolamento e paralisação de algumas atividades empresariais, deferindo a remarcação de passagem aérea, sem custo adicional;[265] deferindo a redução do aluguel de restaurante,[266] de lojas de roupas[267] e de casa de *show*;[268] e determinando a suspensão, por 90 (noventa) dias, dos pagamentos de prestações ajustadas em cédulas de crédito bancário entre um restaurante e uma instituição financeira;[269] a suspensão, por 60 (sessenta) dias, da cobrança de prestações a vencer de

---

[264] 2ª Vara Cível de Ribeirão Preto-SP, processo nº 1008866-19.2020.8.26.0506 e Juizado Especial Cível de Indaiatuba-SP, processo nº 1002248-56.2020.8.26.0248, que autorizaram o cancelamento de viagens aéreas, com restituição dos valores pagos.

[265] 2º Juizado Especial Cível do Rio de Janeiro-RJ, processo nº 0053470-40.2020.8.19.0001; 1ª Vara Cível do Foro Central da Comarca de Porto Alegre-RS, processo nº 5015072-79.2020.8.21.0001; 5º Juizado Especial Cível da Paraíba-PB, processo nº 0816318-47.2020.8.15.2001.

[266] 22ª Vara Cível de São Paulo, processo nº 1026645-41.2020.8.26.0100; redução para 30% (trinta por cento).

[267] 5ª Vara Cível de Santos-SP, processo nº 1006401-63.2020.8.26.0562; 27ª Câmara de Direito Privado do Tribunal de Justiça de São Paulo, processo nº 2065372-61.2020.8.26.0000, que indeferiu Agravo de Instrumento e manteve liminar que determinou a redução de 50% (cinquenta por cento).

[268] 34ª Câmara de Direito Privado do Tribunal de Justiça de São Paulo, processo nº 2069928-09.2020.8.26.0000, que também manteve a decisão de primeiro grau que determinou a redução de 50% (cinquenta por cento).

[269] 22ª Vara Cível de São Paulo-SP, processo nº 1027465-60.2020.8.26.0100.

empréstimo de uma rede varejista, sem a incidência de juros, multa ou outros valores;[270] a suspensão do aluguel mínimo e do fundo de promoção e propaganda de lojistas em *shopping centers*, enquanto perdurassem as medidas de restrição à circulação de pessoas e os *shoppings* estivessem fechados;[271] a suspensão do aluguel de espaço comercial em aeroporto, até o fim do estado de calamidade pública.[272]

Também foi promulgada a Lei nº 14.010/2020, dispondo sobre o Regime Jurídico Emergencial e Transitório das relações jurídicas de Direito Privado (RJET), no período dessa pandemia do coronavírus (Covid-19), e foi vetado, entre outros dispositivos, o artigo 7º que determinava que não deviam ser considerados "fatos imprevisíveis, para os fins exclusivos dos arts. 317, 478, 479 e 480 do Código Civil, o aumento da inflação, a variação cambial, a desvalorização ou a substituição do padrão monetário" (*caput*); que as regras sobre revisão contratual previstas no Código de Defesa do Consumidor (Lei nº 8.078/1990) e na Lei de Locação de imóveis urbanos (Lei nº 8.245/1991) não deviam sujeitar-se ao disposto no *caput* desse artigo 7º (§1º); e que, para os fins dessa lei, as normas de proteção ao consumidor não deviam ser aplicadas "às relações contratuais subordinadas ao Código Civil, incluindo aquelas estabelecidas exclusivamente entre empresas ou empresários" (§2º).

O veto presidencial foi aplicado sob o fundamento de que essa propositura legislativa contrariava "o interesse público, uma vez que o ordenamento jurídico brasileiro já dispõe de mecanismos apropriados para modulação das obrigações contratuais em situações excepcionais, tais como os institutos da força maior e do caso fortuito e teorias da imprevisão e da onerosidade excessiva".

Tenha-se presente, ainda, que, se o fato superveniente gerador da impossibilidade ou da onerosidade excessiva caracterizar-se como força maior ou como caso fortuito, mas houver também qualquer conduta ou participação de um dos contratantes concorrendo na sua produção ou ocorrência, não poderá ele valer-se dos institutos revisionistas e deverá

---

[270] 22ª Câmara de Direito Privado do Tribunal de Justiça de São Paulo, processo nº 2067269-27.2020.8.26.0000.

[271] 25ª Vara Cível de Brasília-DF, processo nº 0709038-25.2020.8.07.0001; 8ª Vara Cível de Campinas-SP, processo nº 1010893-84.2020.8.26.0114.

[272] 1ª Vara de Curitiba-PR, processo nº 5017470-58.2020.4.04.7000.

cumprir sua obrigação ou arcar com as perdas e danos decorrentes do inadimplemento e consequente rescisão do contrato.

5.5. Onerosidade excessiva superveniente e suas consequências
5.5.1. Fato superveniente e alteração das circunstâncias

Para efeito de eventual revisão ou resolução do contrato, o fato gerador da alteração das circunstâncias deve ser posterior à celebração da avença e, portanto, deve surpreender as partes contratantes na fase de cumprimento das prestações pactuadas.

O fato também deve ser alheio à vontade e ao controle das partes contratantes, sem necessidade de ser imprevisível ou de difícil previsibilidade. É relevante e fundamental que seja inevitável, pois, se estiver ao alcance do contratante, puder ser evitado e não o for, haverá culpa contratual e consequente rescisão sujeita ao pagamento de perdas e danos, se não houver o adimplemento obrigacional pelo contratante culpado. Ou seja, se houver conduta, comissiva ou omissiva, que possa contribuir para a ocorrência do fato alterador das circunstâncias, não será possível a revisão contratual e as suas prestações pendentes deverão ser cumpridas, sob pena de rescisão do contrato.

Reafirme-se que não é necessário que o fato superveniente seja imprevisível. Essa exigência contida na teoria da imprevisão acaba restringindo demasiadamente a aplicação de princípios jurídicos fundamentais do Direito Contratual, tais como a boa-fé objetiva, o equilíbrio contratual, a função social do contrato e a equidade, consequentemente, dando ensejo a situações de extrema injustiça, decorrentes de desequilíbrio substancial das prestações, não sanado nem resolvido porque realizada mera análise superficial do fato superveniente, sem adentrar o seu conteúdo para quantificar o grau ou intensidade da alteração por ele produzida.

A maioria dos fatos e acontecimentos que ocorrem no mundo é previsível, mas muitos deles são extraordinários e inesperados. Oscilações bruscas e acentuadas de taxas de câmbio, índices de correção monetária e outras de natureza mercadológica local ou global, infortúnios políticos, econômicos e financeiros que refletem na economia cada vez mais globalizada e abalam mercados e sistemas financeiros de outras localidades do planeta, epidemias e pandemias, entre outros exemplos, são previsíveis mas não deixam de ser extraordinários e inesperados, ou seja, podem ocorrer mas se espera que não ocorram.

Se as pessoas sempre vislumbrarem, acreditarem e considerarem que tais fatos extraordinários ocorrerão, dificilmente realizarão negócios e celebrarão contratos. E ainda que o façam, com uma infindável quantidade de cláusulas prevendo os aludidos fatos e estipulando as respectivas soluções contratuais, sempre haverá algum acontecimento previsível e extraordinário que escapará das cogitações dos contratantes e não será objeto de cláusula específica. Daí a impropriedade e inadequação do requisito da imprevisibilidade do fato superveniente, exigido na teoria da imprevisão, para tratamento e solução justa dos casos de onerosidade excessiva que surge na fase de cumprimento do contrato.

O fato superveniente deve, ainda, acarretar alteração substancial e extraordinária no conteúdo econômico ou financeiro do contrato, na base do negócio e, portanto, nas circunstâncias e riscos que existiam no momento da celebração do contrato, determinaram o sinalagma, a comutatividade e o equilíbrio das prestações, e que podem ter sido objeto de consideração e reflexão ao serem manifestadas as vontades objetivando a realização do negócio.

Não há necessidade de perquirir se tais circunstâncias e riscos realmente foram considerados pelas partes contratantes ou por uma delas, evitando-se, assim, a utilização de critério subjetivo. Basta a demonstração das circunstâncias que eram presumíveis e dos riscos que eram esperados em razão da conjuntura mercadológica, econômica e financeira existente no momento da realização do negócio e celebração do contrato.

Quanto às circunstâncias negociais existentes no momento da formação do contrato, e cuja alteração possibilita a sua revisão ou resolução quando acarreta onerosidade excessiva, são aquelas atinentes ao negócio, que dizem respeito à sua viabilidade, aos seus riscos, ao resultado que se pretende alcançar com ele, tais como cenário econômico e financeiro, situação de mercado e outros fatores que exerçam ou possam exercer alguma influência no negócio a ser entabulado.

A título ilustrativo, são circunstâncias negociais a variação de índices econômicos em geral, os custos de mão de obra e de matéria prima, o fluxo habitual de produção e vendas e demais circunstâncias ligadas ao desempenho da atividade econômica objeto do contrato ou a ele relacionada.

Ainda para efeito de revisão ou resolução do contrato, a alteração dessas circunstâncias deve ser anormal, inesperada e acentuada, que extrapole os riscos próprios do negócio realizado e afete o equilíbrio antes existente entre as prestações.

Considerando os exemplos mencionados acima, eventual revisão ou resolução contratual será cabível diante de brusca e substancial oscilação do índice econômico escolhido para reajuste, aumento considerável de custos operacionais, paralisação ou redução drástica de produção e venda, ou qualquer outro fato que torne a prestação de um dos contratantes excessivamente onerosa.

A alteração das circunstâncias e da base objetiva do negócio deve ser de tal relevância, que acarrete rompimento da relação de equivalência (sinalagma), dificuldade excessiva extraordinária da prestação, frustração do resultado pretendido e ajustado pelos contratantes, entre outros, não se justificando mais o adimplemento das prestações nos termos e condições inicialmente estipulados, deixando o contrato de atender a seu propósito.

Os termos, cláusulas e condições são estabelecidos e estipulados no momento da formação do contrato, levando-se em consideração as circunstâncias negociais então existentes (circunstâncias mercadológicas, riscos econômicos e financeiros). Alterando-se essas circunstâncias, por fato superveniente na fase de adimplemento do contrato, ficam comprometidas as cláusulas e condições estipuladas e sua manutenção pode conduzir o contrato a um resultado muito diferente do que era pretendido pelos contratantes.

No tocante às consequências do desequilíbrio acentuado das prestações causado pela alteração das circunstâncias, Arnoldo Medeiros da Fonseca[273] já apontava a tendência de atenuação da responsabilidade do devedor, nas hipóteses de onerosidade excessiva superveniente, em que o cumprimento da obrigação exige um esforço anormal do contratante, defendendo-se a conveniência de se conferir ao juiz uma certa liberdade de apreciação do caso concreto, de aplicação da norma e de adoção de princípios menos rígidos e mais humanos, para que possa encontrar as soluções mais justas dos casos concretos.

Assim manifesta-se esse autor: "Em nome da equidade, vem-se combatendo a exigência tradicional da impossibilidade absoluta ou objetiva de executar, como requisito essencial para liberação do obrigado. Afirma-se

---

[273] Caso Fortuito e Teoria da Imprevisão, cit., p. 11.

a conveniência de adotar uma noção mais humana de *possibilidade*, apenas considerando como tal o que está ao alcance das forças comuns. Tenta-se, assim, condicionar a irresponsabilidade do devedor à simples *impossibilidade subjetiva*, isenta de culpa, a esta se equiparando mesmo a onerosidade excessiva. O devedor, argumenta-se, não está legalmente obrigado, para cumprir a prestação prometida, senão à diligência normal de um homem prudente, apreciada segundo a natureza do contrato e a época. A impossibilidade começa onde acaba a diligência normal. A prestação que exige um excesso de esforços imprevisto, ou acarreta uma onerosidade excessiva, por circunstâncias não imputáveis ao devedor, deve ser havida como juridicamente impossível".

Desse modo, ocorrendo fato superveniente que venha a atingir o conteúdo econômico do contrato, tornando impossível ou insuportável o cumprimento da obrigação pactuada, por ter ficado excessivamente onerosa, deve ser realizada a revisão do contrato, retirando-se a desproporcionalidade nele surgida, restabelecendo-se o equilíbrio patrimonial antes existente entre as prestações.

De notar-se que a simples ocorrência da onerosidade excessiva superveniente traz consequências semelhantes às da teoria da imprevisão, mas não se exigindo a imprevisibilidade do fato superveniente. Isso porque, independentemente de o fato ser previsível ou imprevisível, no entender desse autor, possui mais relevância para o Direito a manutenção do equilíbrio contratual, devendo levar-se em consideração não a previsibilidade do fato em si, mas, sim, as consequências que ele gera, os efeitos que ele produz na relação jurídica contratual.[274]

Esclareça-se que a onerosidade excessiva pode tornar o cumprimento da obrigação impossível ou insuportável tanto para o devedor como para o credor. O contratante pode ser devedor do preço ou do objeto, da remuneração ou do serviço a ser realizado. Se for devedor do preço, será credor do objeto; se for devedor da remuneração, será credor do serviço; e *vice-versa*. Por isso que o desequilíbrio contratual pode ocorrer tanto para o devedor como para o credor.

[274] Próxima desse entendimento é a orientação contida no Enunciado 175 aprovado na III Jornada de Direito Civil realizada pelo Centro de Estudos Judiciários (CEJ) do Conselho da Justiça Federal (CJF): "A menção à imprevisibilidade e à extraordinariedade, insertas no art. 478 do Código Civil, deve ser interpretada não somente em relação ao fato que gere o desequilíbrio, mas também em relação às consequências que ele produz".

Portanto, verificado o desequilíbrio superveniente das prestações pactuadas, padecendo elas de onerosidade excessiva, deve proceder-se, inicialmente, à revisão do contrato, modificando-se as cláusulas e condições que estejam acarretando a onerosidade excessiva; e não sendo viável essa revisão, ante a impossibilidade absoluta de adimplemento da prestação restante ou por não ser possível o restabelecimento do equilíbrio inicial, sem prejuízo ao credor, deve ser decretada a resolução e consequente extinção do contrato.

O que não se pode permitir é que seja mantido um desequilíbrio contratual que provoque o enriquecimento injustificado de um dos contratantes, às custas do desfalque patrimonial ou empobrecimento do outro; isso em nome dos princípios da autonomia da vontade e da força obrigatória dos contratos, os quais não são absolutos e sofrem limitações que são impostas por outros princípios de Direito Contratual, como o da boa-fé objetiva e o da função social do contrato.

5.5.2. Revisão contratual

Como visto, a revisão judicial do contrato visa restaurar o equilíbrio que foi afetado por fato superveniente à sua formação. Muitas vezes, após a celebração do negócio, pode surgir fato novo alheio à vontade das partes contratantes, que venha a gerar onerosidade excessiva para uma delas, tornando ruinoso e insuportável o cumprimento da avença.

Tome-se como exemplos a eventual ocorrência de inflação exagerada; o aumento desenfreado da taxa de câmbio do dólar norte americano, em 1999, atingindo os contratos de *leasing* e de financiamento; o aumento demasiado nos preços de materiais de construção ou, ainda, um dissídio coletivo determinando aumento significativo dos salários dos trabalhadores da construção civil, gerando onerosidade excessiva para uma construtora; entre outras hipóteses que podem ocorrer.

Nesses casos, justifica-se a revisão do contrato para que seja restabelecido o equilíbrio entre as prestações, evitando-se o desfalque patrimonial ou empobrecimento inesperado e injustificado de uma das partes contratantes ou o enriquecimento também injustificado da outra, às custas da parte prejudicada.

Nem se diga que a possibilidade de revisão judicial do contrato criaria insegurança jurídica, pois existe mais insegurança em permitir que um fato superveniente à realização do negócio interfira na relação contratual e crie um desequilíbrio entre as prestações pactuadas, possibilitando a uma das partes obter um ganho bem superior ao que era esperado no momento da formação do contrato, em detrimento da outra parte contratante, que acaba sendo prejudicada, sofrendo as cominações decorrentes do inadimplemento contratual, se restar impossibilitada de cumprir o restante de sua obrigação.

A estabilidade das relações jurídicas é assegurada não só mantendo-se inalteradas as cláusulas e condições do contrato, mas, também e principalmente, mantendo-se a reciprocidade das prestações e a sua equivalência, ainda que aproximada, durante sua fase de cumprimento.

Desse modo, os contratos devem ser cumpridos estritamente, mantendo-se inalteradas as cláusulas e condições pactuadas, desde que subsista o sinalagma, a reciprocidade e correlatividade de valores entre prestação e contraprestação.

A revisão judicial do contrato tem lugar enquanto ele estiver em fase de cumprimento, não sendo possível modificação ou adaptação de cláusulas e condições após seu cumprimento integral e consequente extinção do contrato.

Existe situação excepcional em que a lei autoriza nova fixação de valor, após a extinção do contrato. Ao tratar dos vícios redibitórios, prevê o artigo 441, *caput*, do Código Civil que a coisa recebida em virtude de contrato comutativo pode ser rejeitada se apresentar vícios ou defeitos ocultos, que a tornem imprópria ao uso a que se destina, ou lhe diminuam o valor.

Entretanto, e conforme permite o artigo 442, seguinte, em vez de rejeitar a coisa, redibindo o contrato, pode o adquirente reclamar abatimento no preço. Essa redução do preço do objeto vendido, em razão de defeito oculto constatado após o adimplemento integral e a extinção da avença, é uma espécie de revisão contratual para que o preço passe a equivaler ao valor real e justo do objeto defeituoso.

Ressalte-se, ainda, que a revisão judicial do contrato deve ser autorizada, independentemente da previsibilidade ou imprevisibilidade do fato superveniente que altera a economia contratual. Como assevera Álvaro Villaça Azevedo, referindo-se, por analogia, ao instituto da lesão, "O simples desequilíbrio contratual, objetivamente considerado, causa a necessidade de revisão contratual, com a consequente reposição ao *statu quo*".[275]

---

[275] Princípios Gerais de Direito Contratual, cit., p. 12.

ONEROSIDADE EXCESSIVA

Reafirme-se que, se para alguns é relevante analisar se o fato superveniente era, ou não, previsível, como ocorre na teoria da imprevisão, mais importante ainda é verificar se o mesmo fato ocasionou, ou não, o desequilíbrio contratual, pois é certo que o contrato não pode servir de instrumento para auferir vantagens exageradas em detrimento de outrem.

Desse modo, não basta a simples análise superficial do fato superveniente em si; devem ser verificados os efeitos que ele produziu na relação jurídica contratual, quantificando-se a majoração ou redução ocorrida nos valores contratados. É mister que se verifique o quanto foi alterado no conteúdo econômico do contrato, e se essa alteração extrapola os limites da álea normal do negócio realizado, levando-se em consideração as circunstâncias existentes no momento da formação do contrato.

Portanto, os pressupostos da revisão contratual devem ser os seguintes: a) existência de contrato de execução continuada, periódica ou diferida (existência de uma relação jurídica); b) ocorrência de fato superveniente, alheio à vontade e ao controle das partes, que venha a gerar onerosidade excessiva e desequilíbrio da relação contratual e que ultrapasse consideravelmente os limites dos riscos próprios do contrato celebrado;[276] c) insuportabilidade ou impossibilidade relativa[277] de cumprimento da obrigação pactuada e irredutibilidade do credor quanto à modificação voluntária e extrajudicial do contrato.

O entendimento jurisprudencial vem sendo favorável à revisão do contrato. Como visto, a crise cambial de 1999 prejudicou profundamente e até inviabilizou o adimplemento de inúmeros contratos em que havia sido estipulado reajuste das prestações com base na variação do dólar norte americano.

Diante da onerosidade excessiva gerada pela brusca e acentuada variação da taxa de câmbio dessa moeda estrangeira, decisões judiciais autorizaram a revisão contratual para restabelecer o equilíbrio de prestações que se tornaram excessivamente onerosas, sob o argumento de

---

[276] Essa também é a orientação contida no Enunciado 366 aprovado na IV Jornada de Direito Civil realizada pelo aludido CEJ/CJF: "O fato extraordinário e imprevisível causador de onerosidade excessiva é aquele que não está coberto objetivamente pelos riscos próprios da contratação".

[277] Possibilidade de adimplemento, se o contrato for alterado e adaptado à nova realidade imposta pelo fato superveniente alterador das circunstâncias.

que, "Dada a abrupta variação cambial da moeda americana frente ao Real, verificada em janeiro de 1999, deve ser reconhecida a onerosidade excessiva das prestações tomadas pelo devedor",[278] constituindo "fato superveniente capaz de ensejar a revisão do contrato".[279]

A revisão contratual visando sanar a situação de onerosidade excessiva foi autorizada não somente em contratos de arrendamento mercantil (*leasing*),[280] mas também em contratos de financiamento para aquisição de bens,[281] e de *factoring*,[282] celebrados com cláusula de correção vinculada à variação do dólar norte americano.

[278] Superior Tribunal de Justiça, Recurso Especial nº 579.107-MT, Relatora Ministra Nancy Andrighi, 3ª Turma, julgado em 07/12/2004.

[279] Superior Tribunal de Justiça, Agravo Regimental no Agravo de Instrumento nº 947.644-SC, Relatora Ministra Nancy Andrighi, 3ª Turma, julgado em 19/12/2007.

[280] Superior Tribunal de Justiça, Recurso Especial nº 361.694-RS, Relatora Ministra Nancy Andrighi, 3ª Turma, julgado em 26/02/2002; Agravo Regimental no Recurso Especial nº 374.351-RS, Relatora Ministra Nancy Andrighi, 3ª Turma, julgado em 30/04/2002; Recurso Especial nº 472.594-SP e Recurso Especial nº 473.140-SP, Relator Ministro Carlos Alberto Menezes Direito, Relator para Acórdão Ministro Aldir Passarinho Junior, julgados em 12/02/2003; Recurso Especial nº 437.660-SP, Relator Ministro Sálvio de Figueiredo Teixeira, 4ª Turma, julgado em 08/04/2003; Recurso Especial nº 447.336-SP, Relator Ministro Carlos Alberto Menezes Direito, Relatora para Acórdão Ministra Nancy Andrighi, 3ª Turma, julgado em 11/04/2003; Embargos de Declaração no Recurso Especial nº 742.717-SP, Relatora Ministra Maria Isabel Gallotti, 4ª Turma, julgado em 08/11/2011; Agravo Regimental no Recurso Especial nº 1.260.016-SP, Relator Ministro Sidnei Beneti, 3ª Turma, julgado em 17/11/2011; Agravo Regimental no Recurso Especial nº 1.281.192-SP, Relatora Ministra Maria Isabel Gallotti, 4ª Turma, julgado em 26/05/2015; Tribunal de Justiça do Paraná, Apelação Cível nº 721.797-2, Relator Desembargador Lauri Caetano da Silva, 17ª Câmara Cível, julgada em 01/02/2012; Tribunal de Justiça de Minas Gerais, Apelação Cível nº 1.0193.01.002672-5/001, Relator Desembargador Alvimar de Ávila, 12ª Câmara Cível, julgada em 19/02/2014; Tribunal de Justiça do Ceará, Apelação nº 0463930-82.2000.8.06.0001, Relator Desembargador Durval Aires Filho, 4ª Câmara de Direito Privado, julgada em 26/09/2017.

[281] Superior Tribunal de Justiça, Recurso Especial nº 329.935-MG, Relator Ministro Carlos Alberto Menezes Direito, 3ª Turma, julgado em 26/08/2002; Recurso Especial nº 409.531-RO, do mesmo Relator e Turma, julgado em 29/11/2002; Recurso Especial nº 1.321.614-SP, Relator Ministro Paulo de Tarso Sanseverino, Relator para Acórdão Ministro Ricardo Villas Bôas Cueva, 3ª Turma, julgado em 16/12/2014; Tribunal de Justiça de São Paulo, Apelação Cível nº 0002315-70.2015.8.26.0100, Relator Desembargador Marcondes D'Angelo, 25ª Câmara de Direito Privado, julgada em 14/07/2016.

[282] Superior Tribunal de Justiça, Recurso Especial nº 417.927-SP, Relatora Ministra Nancy Andrighi, 3ª Turma, julgado em 21/05/2002; Recurso Especial nº 329.935-MG, Relator

Ressaltou-se, em algumas das decisões do Superior Tribunal de Justiça que: "A desvalorização da moeda nacional frente à moeda estrangeira que serviu de parâmetro ao reajuste contratual, por ocasião da crise cambial de janeiro de 1999, apresentou grau expressivo de oscilação, a ponto de caracterizar a onerosidade excessiva que impede o devedor de solver as obrigações pactuadas".

E que "A equação econômico-financeira deixa de ser respeitada quando o valor da parcela mensal sofre um reajuste que não é acompanhado pela correspondente valorização do bem da vida no mercado, havendo quebra da paridade contratual, à medida que apenas a instituição financeira está assegurada quanto aos riscos da variação cambial, pela prestação do consumidor indexada em dólar norte-americano".[283]

Esse Tribunal estabeleceu, ainda, critério baseado na equidade, assentando que, "após a pacificação do tema na Segunda Seção (REsp 472.594/SP, Rel. Ministro Aldir Passarinho Junior, por maioria, DJU de 4.8.2003), firmou-se o entendimento de que a partir de 19.1.1999, inclusive, não pode o consumidor ser integralmente responsabilizado pela brusca variação ocorrida com a moeda estrangeira, devendo os ônus ser divididos em partes iguais entre os litigantes, mantida a higidez da cláusula de correção cambial, porém retirada a onerosidade excessiva decorrente do fato superveniente".

Para retomar o equilíbrio contratual, naquela hipótese de drástica variação cambial, determinou o reajuste das "prestações relativas ao mês de janeiro de 1999 (...) pela cotação do dólar norte-americano em 1,32, passando as seguintes a ser reajustadas de conformidade com a variação do INPC do IBGE".[284]

Em outras oportunidades, apreciando disputas envolvendo contratos de venda a futuro de produto agrícola, o mesmo Superior Tribunal de Justiça determinou a sua revisão para assegurar um preço mínimo no

---

Ministro Carlos Alberto Menezes Direito, 3ª Turma, julgado em 26/08/2002.
[283] Recurso Especial nº 376.877-RS, Relatora Ministra Nancy Andrighi, 3ª Turma, julgado em 06/05/2002. Ver, ainda, Recurso Especial nº 268.661-RJ, julgado em 16/08/2001; Recurso Especial nº 299.501-MG, julgado em 11/09/2001; Recurso Especial nº 370.598-RS, julgado em 26/02/2002; Recurso Especial nº 417.927-SP, julgado em 21/05/2002; todos da 3ª Turma e sob a Relatoria da Ministra Nancy Andrighi.
[284] Recurso Especial nº 1.281.192-SP, Relatora Ministra Maria Isabel Gallotti, 4ª Turma, julgado em 27/02/2015.

negócio realizado, devido à inflação verificada no período de vigência do contrato.[285]

E relativamente à acentuada incidência de inflação, geradora de onerosidade excessiva e de desequilíbrio contratual, autorizou, ainda, a modificação de avenças fundamentando que, "Celebrado o contrato de promessa de compra e venda, com prestações diferidas, sem cláusula de correção monetária, durante o tempo de vigência do Plano Cruzado, quando se esperava debelada a inflação, a superveniente desvalorização da moeda justifica a revisão do contrato, cuja base objetiva ficou substancialmente alterada, para atualizar as prestações de modo a refletir a inflação acontecida depois da celebração do negócio".[286]

Presentes os requisitos autorizadores, ao proceder-se à revisão do contrato, dificilmente será possível retomar a base objetiva do negócio originária, ou seja, as suas circunstâncias e seus riscos atinentes e sensíveis à situação econômica, financeira e de mercado existente no momento da formação do contrato, uma vez que os mesmos terão sido alterados pelo fato superveniente. Também deverá considerar-se que os contratantes já terão cumprido parte de suas obrigações.

Por isso, o equilíbrio contratual deve ser retomado adaptando-se as cláusulas e condições à nova realidade imposta pelo fato superveniente, a fim de que se recupere a equivalência, ainda que aproximada, entre as prestações, dando-se continuidade ao seu adimplemento para que seja alcançado o resultado pretendido e ajustado pelos contratantes.

Imagine-se a hipótese do contratante que é devedor, inicialmente, de 100 (cem) e já efetuou pagamento de 60 (sessenta), restando

---

[285] Recurso Especial nº 14.971-RS, Relator Ministro Nilson Naves, 3ª Turma, julgado em 18/02/1997; Recurso Especial nº 111.990-RS, do mesmo Relator e Turma, julgado em 29/06/1998. Ver, ainda, Recurso Especial nº 579.107-MT, Relatora Ministra Nancy Andrighi, 3ª Turma, julgado em 07/12/2004, que determinou a distribuição equitativa da variação cambial ocorrida em contratos de compra e venda vinculados a cédulas de produto rural; e Agravo Interno nos Embargos de Declaração nos Embargos de Declaração no Recurso Especial nº 1.601.330-GO, Relatora Ministra Maria Isabel Gallotti, 4ª Turma, julgado em 17/08/2017.

[286] Recurso Especial nº 135.151-RJ, Relator Ministro Ruy Rosado de Aguiar, 4ª Turma, julgado em 08/10/1997. Ver, ainda, Recurso Especial nº 8.473-RJ, Relator Ministro Athos Carneiro, 4ª Turma, julgado em 23/10/1991; Recurso Especial nº 94.692-RJ, Relator Ministro Salvio de Figueiredo Teixeira, 4ª Turma, julgado em 25/06/1998.

40 (quarenta) para o cumprimento integral de sua obrigação. Em decorrência do fato alterador das circunstâncias, há acréscimo de 40 (quarenta) e a prestação restante passa a ser de 80 (oitenta).

Nesse caso, se não houver alteração ou adaptação da cláusula ou condição contratual que restou "corrompida" em razão do fato superveniente, aquela prestação de 100 (cem), repentinamente, passará a ser de 140 (cento e quarenta) e com possibilidade de aumentar ainda mais, se a circunstância que passou a gerar onerosidade excessiva continuar sofrendo mais alterações. Deve realizar-se a revisão e adaptação para que essa prestação volte a ser de 100 (cem), no seu total, ou retorne o mais próximo possível desse valor e, a partir daí, sejam adimplidas as parcelas restantes.[287]

Tenha-se presente, mais uma vez, a finalidade da revisão contratual: restabelecer a equivalência, ainda que aproximada, das prestações para que o contrato alcance o resultado pretendido e ajustado pelas partes contratantes.

A alteração ou adaptação de cláusulas e condições visa eliminar a onerosidade excessiva da prestação de uma das partes e, portanto, evitar prejuízo injustificado, e não propiciar lucro a essa parte prejudicada. Além disso, a revisão deve preservar a essência e o propósito do contrato, em conformidade com o que foi entabulado pelas partes contratantes.

Nesse sentido, assevera José de Oliveira Ascensão: "Não pode ser imposto a ninguém um contrato alterado, quando esteja substancialmente fora daquilo que aceitou". "A alteração pode ser tal que só com uma mudança radical seja possível manter a relação", sendo que "as partes não estão obrigadas a ficar vinculadas por algo substancialmente diferente daquele em que acordaram".[288]

Se a única forma possível de alteração ou adaptação contratual transferir a onerosidade excessiva da prestação de uma das partes para a prestação da outra, ou se transfigurar o contrato, desviando-o da finalidade inicialmente pretendida e instituída pelas partes contratantes, proceder-se-á à sua resolução.

---

[287] Valores meramente ilustrativos. Conforme a espécie do contrato e os seus riscos próprios, pode surgir onerosidade excessiva em razão de alterações e diferenças de valores inferiores.

[288] Direito Civil, Teoria Geral, vol. 3, cit., pp. 167 e 170.

5.5.3. Resolução do contrato

Verificando-se a impossibilidade absoluta de o devedor adimplir a sua prestação, se não for possível o restabelecimento do equilíbrio das prestações, ou se o credor comprovar que a revisão lhe será ruinosa, sendo inviável a revisão contratual, não restará outra alternativa, senão a de decretar a resolução do contrato, desde que tal impossibilidade não tenha sido causada por conduta das partes contratantes.

Diferentemente do que está previsto no artigo 478 do Código Civil, que seguiu orientação do artigo 1.467 do Código Civil italiano, inicialmente, deve ser possibilitada a revisão do contrato, restabelecendo-se a equivalência, ainda que aproximada, das prestações contratadas.

Entre a revisão e a resolução do contrato, a primeira parece ser o caminho menos tortuoso, pois possibilita a manutenção da relação jurídica contratual e, consequentemente, que esta continue exercendo seu relevante papel na sociedade.

A resolução do contrato, em termos práticos, leva as partes de volta ao estado anterior à contratação. Assim, ressalvado eventual direito de retenção, o credor devolve os valores que recebeu, corrigidos monetariamente, e o devedor restitui o bem, compensando o credor por sua utilização e por eventual deterioração.

Nesse caso, a retenção presta-se justamente para compensação do credor em razão, por exemplo, de ter sido privado momentaneamente do uso do bem alienado ou, eventualmente, de ter prestado determinado serviço, usufruído pelo devedor, antes da resolução do contrato.

Igualmente, se o devedor tiver introduzido benfeitorias e acessões na coisa, seus respectivos valores deverão ser apurados e considerados em eventual cálculo compensatório.

Em razão dessa possível problemática, imposta às partes pela resolução contratual, deve ser dada preferência ao instituto da revisão, passando-se à extinção do contrato somente se não for possível o restabelecimento do equilíbrio das prestações, se restar impossível o seu cumprimento, ou se o credor provar que a revisão lhe será ruinosa.

Quanto a esta última hipótese, realmente, a revisão requerida pelo devedor pode ser desastrosa ao credor, cabendo a este realizar essa prova para justificar a resolução do contrato.

Referindo-se às opções oferecidas pela teoria da imprevisão, para resolver o problema da onerosidade excessiva superveniente, J. M. Othon Sidou[289] manifesta sua preferência pela "solução que já se robustece como clássica – revisibilidade – resolubilidade, não como orienta o Código italiano", seguido pelo nosso Código Civil, "mas elegendo a revisão como objetivo preferencial, só admitida pelo juiz a resolução se aquela malograr".

E continua: "Na aplicação da teoria da imprevisão, ou superveniência, a jurisprudência alemã aferra-se ao princípio de que 'a justiça tem de esforçar-se por manter o contrato, modificando-o'. (...) Primeiramente, portanto, a tentativa de reconciliar, e só depois, por ineficácia deste esforço, deve pensar-se na desvinculação".[290]

Portanto, verificada a insuportabilidade de cumprimento da obrigação pactuada, por motivo alheio à vontade e ao controle do devedor, pode este pleitear a revisão judicial do contrato, antes que se verifiquem o seu inadimplemento obrigacional e a consequente rescisão do contrato.

Pode, ainda, o devedor pedir, alternativamente, que seja decretada a resolução do contrato, na eventualidade de não ser acolhido seu pedido revisional. De qualquer forma, mesmo sendo formulado somente o pedido de revisão, se a prova produzida no processo evidenciar a inviabilidade de tal modificação contratual, nos moldes mencionados, não restará outra alternativa, senão a de resolução da avença.

O Superior Tribunal de Justiça, apreciando caso em que ficaram patentes a onerosidade excessiva e o desequilíbrio contratual supervenientes, decretou a resolução de promessa de compra e venda de imóvel, nos seguintes termos:

> "(...) o respeito ao *pacta sunt servanda* cede passo quando surgem fatos supervenientes, suficientemente fortes para caracterizar a alteração da base em que o negócio foi realizado, que tornem insuportável o cumprimento da obrigação para uma das partes. Nessa hipótese, cabe a revisão judicial do contrato, ou mesmo sua resolução. A inflação é um fato previsível, mas isso não impede que possa ser tomada como causa para a modificação ou extinção

---

[289] Resolução Judicial dos Contratos, cit., p. 117.
[290] Resolução Judicial dos Contratos, cit., pp. 117 e 118.

contratual, quando seus índices venham a desnaturar a obrigação, ou quando são adotados percentuais diversos para a atualização dos rendimentos do devedor e para as suas obrigações, inviabilizando os pagamentos. Não viola a lei, portanto, a decisão judicial que atende a tais fatos e lhes dá eficácia no âmbito do contrato".[291]

[291] Recurso Especial nº 73.370-AM, Relator Ministro Ruy Rosado de Aguiar, 4ª Turma, julgado em 21/11/1995.

6.
Direito Nacional

6.1. Direito luso-brasileiro

Entre as Ordenações do Reino de Portugal que vigoraram no Brasil, no período anterior à vigência de nosso Código Civil de 1916, merecem destaque as Ordenações Filipinas, de 1603, em que se encontram várias passagens contendo regras de mudança das condições dos contratos, em razão de fatos circunstanciais, como informa J. M. Othon Sidou,[292] que cita as passagens, sendo duas ora mencionadas.

De fato, no Livro IV dessas Ordenações, assim dispõe o Título 21: "Posto que alguns compradores e vendedores, e outros contraentes se concertem, que se haja de pagar certa moeda de ouro, ou de prata, será o vendedor obrigado receber qualquer moeda corrente lavrada de Nosso cunho ou dos Reis, que ante Nós forão, na valia que lhe per Nós for posta".

Comenta Othon Sidou que, nessa ordenação de Felipe I, encontra-se "o óvulo do nosso familiar Decreto nº 23.501, de 1933", revogado pelo Decreto-lei nº 238, de 28/02/1967, e pelo Decreto-lei nº 857, de 11/09/1969, "tornando nula qualquer estipulação de pagamento em ouro ou determinada espécie de moeda não a nacional, com a diferença de que, pela regra legislativa brasileira, o contrato nasce nulo, enquanto

---

[292] Resolução Judicial dos Contratos, cit., p. 15.

no direito reinol o contratante era submetido à condição sobrevinda da desvalia da moeda".

De mencionar-se, ainda, no mesmo Livro IV, o Título 24, que estabelece: "A pessoa, que der de aluguel alguma casa a outrem por certo preço e por certo tempo, não o poderá lançar fora dela durante o dito tempo, senão em quatro casos. (Mora de pagamento do aluguel, mal uso e necessidade de reforma). O quarto he quando o senhor da casa per algum caso, que de novo lhe sobreveio, a há mister para morar nella, ou para algum filho seu, filha, irmão ou irmã; porque nestes casos poderá lançar o alugador fora, durante o tempo de aluguer, pois lhe he tam necessaria pollo caso, que de novo lhe sobreveio, de que não tinha razão de cuidar ao tempo que a alugou".[293]

Nos trechos citados, nota-se que as Ordenações Filipinas autorizavam a modificação de cláusulas e condições contratuais, em hipóteses específicas de superveniência de fatos circunstanciais.

6.2. Direito projetado anterior e Código Civil de 1916

Entre os Projetos de Lei que antecederam a edição do nosso Código Civil de 1916, merece destaque o Esboço de Teixeira de Freitas,[294] iniciado em 1860, que, de certo modo, tratou da "excessiva dificuldade" e, também, da "manifesta exorbitância" como causas que impossibilitam o cumprimento obrigacional.

Estabelece o artigo 1.960 desse Esboço que se extinguem e se resolvem as obrigações dos contratos pelas mesmas causas que extinguem e resolvem as obrigações em geral.

A seu turno, o artigo 1.213 desse Projeto prevê as hipóteses de resolução das obrigações, entre elas a impossibilidade do pagamento (nº 5), fazendo referência ao artigo 556 daquele Esboço, que considera relativamente impossíveis os fatos que "não podem ser executados pela sua excessiva dificuldade, ou pela manifesta exorbitância do fim em relação aos meios, tempo necessário para a execução, lugar desta, e circunstâncias peculiares de cada um dos casos" (nº 2).

---

[293] Resolução Judicial dos Contratos, cit., pp. 15 e 16.
[294] Esboço de Código Civil, Serviço de Documentação do então Ministério da Justiça e Negócios Interiores, Brasília, edição de 1952, vols. I a IV.

Interpretando-se conjuntamente todos esses dispositivos, pode-se dizer que, se tivesse sido aceito e aprovado o Esboço de Código Civil de Teixeira de Freitas, nosso Direito Positivo da época passaria a autorizar o pedido de resolução do contrato quando houvesse excessiva dificuldade de cumprimento obrigacional.

Destaque-se, ainda, que, em nosso Código Civil de 1916, não há regra genérica que se refira, expressamente, à onerosidade excessiva, prevendo a revisão judicial do contrato, quando um fato superveniente provoca brusca e acentuada alteração de seu conteúdo econômico, quebrando o equilíbrio e a equivalência das prestações.

Entretanto, existem alguns dispositivos daquele Diploma que, indiretamente, admitem a revisão contratual, entre os quais merece destaque o artigo 401, que autoriza o juiz a determinar, conforme as circunstâncias do caso, a exoneração, redução ou agravamento da pensão alimentícia, quando houver mudança na situação financeira do alimentante ou do alimentado.

E, ainda, os artigos 1.101 e 1.105, que cuidam dos vícios redibitórios e da possibilidade de o adquirente, em vez de rejeitar a coisa defeituosa, reclamar abatimento no preço, o que constitui verdadeira revisão contratual para restabelecer a equivalência entre prestação (preço) e contraprestação (valor real e justo da coisa defeituosa). Isso, após o adimplemento e a extinção do contrato.

6.3. Direito projetado posterior ao Código Civil de 1916
O Projeto de Código de Obrigações de Caio Mário da Silva Pereira, de 1965, em seu artigo 346,[295] previa a resolução do contrato por onerosidade excessiva, nos seguintes termos: "Nos contratos de execução diferida ou sucessiva, quando, por força de acontecimento excepcional e imprevisível ao tempo de sua celebração, a prestação de uma das partes venha a tornar-se excessivamente onerosa, capaz de lhe ocasionar grande prejuízo e para a outra parte lucro desmedido, pode o juiz, a requerimento do interessado, declarar a resolução do contrato".

Consagrava, pois, a teoria da imprevisão, possibilitando à parte demandada evitar a resolução mediante oferta, "dentro do prazo da

---

[295] Com redação semelhante à do artigo 358 do Anteprojeto, de 1964.

contestação", de modificação razoável do cumprimento do contrato, conforme previa seu artigo 347.[296]

No relatório desse Projeto, Caio Mário da Silva Pereira justifica que a onerosidade excessiva com base na teoria da imprevisão "ficou adstrita à resolução, e não à revisão dos contratos, pois que esta última atenta muito mais contra a liberdade das partes do que a primeira, se se observar que o contratante levado a uma prestação que não ajustou e que lhe vem de sentença, é mais atingido na sua liberdade do que aquele que suporta o desfazimento do vínculo se vem a ocorrer modificação no ambiente objetivo da execução, por força de acontecimento imprevisto, gerando o proveito de um e o empobrecimento do outro. Mas o interessado poderá evitar a resolução oferecendo-se a modificar a prestação".

Entretanto, ainda que seja desconfortável ao contratante e esbarre em sua liberdade o fato de ser levado a cumprir obrigação que não ajustou, cumpre lembrar que, em determinadas situações como a da onerosidade excessiva, os princípios da autonomia da vontade e da liberdade de contratar sofrem limitação ante a necessidade de se recuperar o equilíbrio da relação jurídica, abalado pelo fato superveniente.

Nesse caso, as atenções devem voltar-se para o conteúdo econômico do contrato, para a reciprocidade das prestações pactuadas e, portanto, para o equilíbrio da relação jurídica, prevalecendo os princípios da boa-fé objetiva, do equilíbrio contratual e da função social do contrato, entre outros referidos no presente trabalho.

Em verdade, com a revisão contratual, as partes são levadas a cumprir as obrigações que pactuaram, somente com algumas alterações em seu conteúdo, necessárias à manutenção da equivalência entre suas prestações.

O contrato deve ser sempre instrumento de circulação justa e equilibrada de bens e de riquezas, devendo ser descartada qualquer possibilidade de ocorrência de ganhos e de sacrifícios exagerados e injustificados.

Relativamente ao Projeto de Lei da Câmara dos Deputados nº 634-B, de 1984, que instituiu novo Código Civil e tramitou no Senado Federal sob nº 118, com redação final em 1997, cuidou da resolução contratual por onerosidade excessiva superveniente, nos artigos 477 a 479, cujas

---

[296] Com redação semelhante à do artigo 359 do Anteprojeto, de 1964.

disposições foram mantidas, respectivamente, nos artigos 478 a 480 do Código Civil de 2002, os quais são comentados a seguir.

6.4. Código Civil de 2002

Após longos anos de espera, finalmente foi aprovado o Projeto de Lei apresentado inicialmente em 1975, para substituição do Código Civil de 1916, e sancionada a Lei nº 10.406, de 10 de janeiro de 2002, que instituiu novo Código Civil brasileiro, cuja vigência iniciou-se em 11 de janeiro de 2003.

Nesse novo Diploma legal, as disposições contidas em seu Projeto, que tratam do assunto, tiveram sua redação mantida, tendo sido alterados somente seus números.

O artigo 317 do Código Civil de 2002 prevê que, se "por motivos imprevisíveis", ocorrer manifesta desproporção entre o valor da prestação no momento da formação do contrato e o seu valor por ocasião do adimplemento, poderá ser requerida judicialmente a sua modificação a fim de que se assegure, o quanto possível, seu valor real.

Ao referir-se a motivos imprevisíveis, esse dispositivo legal adota a teoria da imprevisão, que gera inconveniências e injustiças, como apontado anteriormente, por não ser suficiente para solução de todos os casos de onerosidade excessiva e de desequilíbrio contratual supervenientes.

Para que sejam respeitados, especialmente, os princípios do equilíbrio contratual, da função social do contrato e da boa-fé objetiva, esse artigo 317 do Código Civil, se não for alterada a sua redação conforme sugerido adiante,[297] deve ser interpretado levando-se em consideração a imprevisibilidade não do "motivo" em si, mas, sim, dos efeitos por ele produzidos na relação jurídica obrigacional.[298]

Após a edição da Lei nº 13.874/2019, foi alterada a redação do artigo 421, *caput*, do Código Civil, segundo o qual a "liberdade contratual será exercida nos limites da função social do contrato". Além disso, foi inserido

---

[297] Item 8 (Construção Legislativa).
[298] A esse respeito, destaca-se a orientação contida no Enunciado 17 aprovado na I Jornada de Direito Civil realizada pelo aludido CEJ/CJF: "A interpretação da expressão 'motivos imprevisíveis' constante do art. 317 do novo Código Civil deve abarcar tanto causas de desproporção não-previsíveis como também causas previsíveis, mas de resultados imprevisíveis".

seu parágrafo único, estabelecendo que, nas "relações contratuais privadas, prevalecerão o princípio da intervenção mínima e a excepcionalidade da revisão contratual".

Como já abordado, esse parágrafo parece restringir o princípio da função social do contrato, razão pela qual deve ser aplicado com cautela para não comprometer o equilíbrio econômico e financeiro das prestações estipuladas e possibilitar que o contrato atinja a sua finalidade econômica e social.

A Lei nº 13.874/2019 inseriu, ainda, o artigo 421-A, com a seguinte redação:

"Os contratos civis e empresariais presumem-se paritários e simétricos até a presença de elementos concretos que justifiquem o afastamento dessa presunção, ressalvados os regimes jurídicos previstos em leis especiais, garantido também que:

I – as partes negociantes poderão estabelecer parâmetros objetivos para a interpretação das cláusulas negociais e de seus pressupostos de revisão ou de resolução;

II – a alocação de riscos definida pelas partes deve ser respeitada e observada; e

III – a revisão contratual somente ocorrerá de maneira excepcional e limitada".

Trata-se, com efeito, de reafirmação do princípio da liberdade contratual – no que tange à alocação de riscos e estipulação de critérios de interpretação – bem como da excepcionalidade já adotada pelo Código Civil em matéria de revisão contratual.

Cumpre destacar, contudo, que os parâmetros e critérios autorizados nesse dispositivo legal devem observar e respeitar os demais princípios de Direito Contratual, notadamente o da boa-fé objetiva e o da função social do contrato.

O artigo 478, *caput*, do Código Civil de 2002 estabelece que, nos contratos de execução continuada ou diferida, se a prestação de uma das partes tornar-se excessivamente onerosa, com extrema vantagem para a outra, em virtude de acontecimentos extraordinários e imprevisíveis, poderá o devedor prejudicado pedir a resolução do contrato.

De notar-se que esse dispositivo refere-se à onerosidade excessiva como causa de resolução do contrato, vinculando-a, porém, à ocorrência de fato extraordinário e imprevisível. Com isso, consagra a teoria da imprevisão.

Entretanto, como mencionado, a teoria da imprevisão não fornece solução para todas as hipóteses de onerosidade excessiva e de desequilíbrio contratual supervenientes, especialmente aquelas que decorrem de fatos que podem ocorrer e que, portanto, são previsíveis, embora não sejam esperados pelas partes contratantes.

É certo que muitas situações supervenientes, que são previsíveis, podem acarretar desequilíbrio contratual, proporcionando uma vantagem excessiva para uma das partes contratantes, e uma desvantagem também exagerada para a outra, tornando impossível ou insuportável para esta o cumprimento de sua obrigação.

Por isso que se deve atentar para os aspectos econômicos do contrato, verificando o seu objeto, as obrigações que foram estipuladas, os ganhos e as perdas proporcionados às partes pelo negócio realizado, e, ainda, a reciprocidade e o equilíbrio entre prestação e contraprestação.

E no caso de brusca alteração desses aspectos econômicos, deve ser possibilitada a revisão das cláusulas e condições contratuais, para que seja mantido o equilíbrio das prestações e para que cada contratante experimente o ganho e a perda que vislumbrou quando da realização do negócio. Isso, independentemente da previsibilidade, ou não, do fato superveniente que tiver ocasionado tal modificação circunstancial.

O artigo 478 do Código Civil vincula, ainda, a sua aplicação à ocorrência de "extrema vantagem" em favor de um dos contratantes, concomitantemente à onerosidade excessiva experimentada pelo outro.

Porém, há situações de onerosidade excessiva para uma das partes que não conferem, necessariamente, enriquecimento ou vantagem acentuada e injustificada para a outra.

A título ilustrativo, um inesperado aumento substancial do preço de insumos e, consequentemente, dos custos de produção torna excessivamente oneroso o cumprimento de eventual obrigação que uma empresa fabricante de produtos tenha assumido. Nesse caso, apesar da onerosidade excessiva gerada à empresa fornecedora, não haverá "extrema vantagem" ao comprador que a contratou.

Daí porque esse requisito pode acabar limitando ainda mais as hipóteses de revisão contratual, como já o faz a restritiva teoria da imprevisão.[299] É preferível, em realidade, como entende a Doutrina alemã, que se exija apenas a ocorrência de repentina e acentuada alteração da base objetiva do negócio.

Complementando o dispositivo analisado, o artigo 479 do mesmo Código prevê a revisão judicial do contrato, por iniciativa do credor demandado, para evitar a resolução e consequente extinção da avença. De fato, dispõe esse artigo 479 que a resolução do contrato poderá ser evitada se o demandado oferecer-se a modificar, equitativamente, as condições do contrato.

Assim, se o devedor ingressar em Juízo pedindo que seja decretada a resolução do contrato, por ter restado impossível ou insuportável o seu cumprimento obrigacional, com fundamento no aludido artigo 478 do Código Civil, poderá o credor demandado, se for de seu interesse a continuação da relação contratual, requerer que, em vez da resolução, seja realizada a revisão do contrato com a modificação de suas cláusulas e condições, de maneira que seja eliminada a onerosidade excessiva superveniente.

O artigo 478 do Código Civil inspirou-se no artigo 1.467 do Código Civil italiano. Ambos preveem, primeiramente, a resolução do contrato, e somente se a parte demandada tiver intenção de manter a relação contratual, os dispositivos legais sob cogitação autorizam a revisão.

Entretanto, como mencionado, melhor seria, inicialmente, autorizar o pedido de revisão do contrato, e depois, alternativamente, permitir a sua resolução e extinção. Como estas implicam a interrupção do negócio realizado, com a volta das partes ao estado anterior, cada uma restituindo o que recebeu por conta do contrato, com os inconvenientes já referidos, a

---

[299] A respeito desse requisito, destaca-se a orientação contida no Enunciado 365 aprovado na IV Jornada de Direito Civil realizada pelo aludido CEJ/CJF: "A extrema vantagem do art. 478 deve ser interpretada como elemento acidental da alteração das circunstâncias, que comporta a incidência da resolução ou revisão do negócio por onerosidade excessiva, independentemente de sua demonstração plena".

resolução deve ser prevista como solução secundária para o desequilíbrio contratual superveniente.[300]

Ainda nesse Código Civil de 2002, o artigo 480 estabelece que, "Se no contrato as obrigações couberem a apenas uma das partes, poderá ela pleitear que a sua prestação seja reduzida, ou alterado o modo de executá-la, a fim de evitar a onerosidade excessiva".

Esse dispositivo, a exemplo do anterior, também prevê a revisão judicial do contrato, porém por iniciativa do devedor, ao qual é possibilitada a modificação do conteúdo econômico do contrato, antes que sua prestação se torne excessivamente onerosa e fique impossível ou insuportável o seu adimplemento.

6.5. Código de Defesa do Consumidor

O nosso Código de Defesa do Consumidor[301] consagra princípios fundamentais, nele positivados, como o princípio da boa-fé objetiva, o princípio do equilíbrio contratual e o princípio da confiança, entre outros.

Explica Nelson Nery Júnior[302] que essa codificação é uma *"lei principiológica. Não é analítica, mas sintética. Nem seria de boa técnica legislativa aprovar-se lei de relações de consumo que regulamentasse cada divisão do setor produtivo (automóveis, cosméticos, eletroeletrônicos, vestuário etc.). Optou-se por aprovar lei que contivesse preceitos legais, que fixasse os princípios fundamentais das relações de consumo. É isso que significa ser uma lei principiológica. Todas as demais leis que se destinarem, de forma específica, a regular determinado setor das relações de consumo deverão submeter-se aos preceitos gerais da lei principiológica, que é o Código de Defesa do Consumidor".

E continua esse Professor: "Destarte, o princípio de que a lei especial derroga a geral não se aplica ao caso em análise, porquanto o CDC não é apenas lei geral das relações de consumo, mas, sim, lei principiológica das

---

[300] Também dando preferência à revisão contratual, a orientação contida no Enunciado 176 aprovado na III Jornada de Direito Civil realizada pelo aludido CEJ/CJF: "Em atenção ao princípio da conservação dos negócios jurídicos, o art. 478 do Código Civil de 2002 deverá conduzir, sempre que possível, à revisão judicial dos contratos e não à resolução contratual".

[301] Lei nº 8.078/1990.

[302] Código Brasileiro de Defesa do Consumidor Comentado pelos Autores do Anteprojeto, Ed. Forense, Rio de Janeiro, 12ª ed., 2019, pp. 511 a 660, especialmente pp. 511 e 512.

relações de consumo. Pensar-se o contrário é desconhecer o que significa o microssistema do Código de Defesa do Consumidor, como lei especial sobre relações de consumo e lei geral, principiológica, à qual todas as demais leis especiais setorizadas das relações de consumo, presentes e futuras, estão subordinadas".

Assim, poder-se-ia aplicar o Código de Defesa do Consumidor e os princípios nele positivados em todas as relações contratuais, a teor do artigo 4º da Lei de Introdução às Normas do Direito Brasileiro,[303] segundo o qual, quando a lei for omissa, o juiz decidirá o caso de acordo com a analogia, os costumes e os princípios gerais de direito.

Entretanto, a lei especial sob cogitação prevê a revisão do contrato somente quando o consumidor for prejudicado por onerosidade excessiva superveniente. Não há previsão, nessa lei, de revisão contratual em favor do fornecedor de produtos ou serviços, mesmo porque essa possibilidade de modificação do contrato é apresentada como direito básico do consumidor.[304]

Por isso, melhor solução é estabelecer regras próprias para as relações contratuais, no âmbito do Direito Civil, protegendo as partes contratantes, tanto o devedor como o credor, para evitar situações de desequilíbrio e de injustiça.

No tocante às relações contratuais de consumo, o artigo 6º da Lei nº 8.078/1990 prevê, em seu inciso V, a possibilidade de o consumidor requerer a revisão judicial do contrato, quando fato superveniente tornar excessivamente onerosa a sua obrigação.

Cláudia Lima Marques[305] afirma que essa norma de proteção ao consumidor "não só permite que o Poder Judiciário *modifique* as cláusulas contratuais abusivas, como prevê a sua *revisão* em razão de fatos supervenientes que as tornem excessivamente onerosas para o consumidor, positivando, assim, pelo menos para o consumidor, a teoria da imprevisão".

---

[303] Decreto-lei nº 4.657, de 04/09/1942.

[304] No Capítulo III do Título I do Código de Defesa do Consumidor.

[305] Novas regras sobre a proteção do consumidor nas relações contratuais, *in* Revista de Direito do Consumidor, Instituto Brasileiro de Política e Direito do Consumidor, vol. 1, Ed. Revista dos Tribunais, São Paulo, janeiro/março 1992, pp. 27 a 54, especialmente p. 44.

Comentando o mesmo dispositivo legal, José Geraldo Brito Filomeno[306] entende que ficou "definitivamente consagrada entre nós a cláusula *rebus sic stantibus*, implícita em qualquer contrato, sobretudo nos que impuserem ao consumidor obrigações iníquas ou excessivamente onerosas".

O artigo 6º, inciso V, do Código de Defesa do Consumidor não acolheu a teoria da imprevisão, pois não apresenta, em seu texto, qualquer exigência de que o fato superveniente seja imprevisto ou imprevisível. A disposição legal é clara referindo-se somente a "fatos supervenientes" e autorizando a revisão de cláusulas contratuais que se tornem excessivamente onerosas em razão deles.

Nesse sentido, o Tribunal de Justiça de São Paulo, decidindo demanda movida no contexto da crise cambial ocorrida em janeiro de 1999, autorizou a revisão de contrato, afastando a aplicação da teoria da imprevisão com fundamento na lei consumerista. Confira-se parte da ementa dessa decisão:

"Reserva de Domínio. Compra e venda mercantil com assunção de dívida em moeda estrangeira e outras avenças. Revisão contratual. Variação cambial. Indexação de prestações pelo INPC, em substituição ao dólar. Invocação da teoria da imprevisão. Descabimento. Aplicação de regra acolhida pelo Código de Defesa do Consumidor. Caracterização de onerosidade excessiva. Inteligência dos arts. 6º, inc. V, CDC, e 5º, LICC. Revisão autorizada".[307]

Também apreciando essa questão cambial, decidiu o Superior Tribunal de Justiça:

"O preceito insculpido no inciso V do artigo 6º do CDC dispensa a prova do caráter imprevisível do fato superveniente, bastando a demonstração objetiva da excessiva onerosidade advinda para o consumidor".[308]

---

[306] Código Brasileiro de Defesa do Consumidor Comentado pelos Autores do Anteprojeto, cit., pp. 136 a 175, especialmente p. 144.
[307] Apelação nº 0008931-27.2002.8.26.0000, Relator Desembargador Amorim Cantuária, 25ª Câmara do 3º Grupo (Extinto 2º Tribunal de Alçada Civil), julgada em 26/06/2007.
[308] Recurso Especial nº 376.877-RS, Relatora Ministra Nancy Andrighi, 3ª Turma, julgado em 06/05/2002. Ver, ainda, da mesma Relatora e Turma, Recurso Especial nº 417.927-SP, julgado em 21/05/2002.

"A teoria da base objetiva, que teria sido introduzida em nosso ordenamento pelo art. 6º, inciso V, do Código de Defesa do Consumidor – CDC, difere da teoria da imprevisão por prescindir da previsibilidade de fato que determine oneração excessiva de um dos contratantes. Tem por pressuposto a premissa de que a celebração de um contrato ocorre mediante consideração de determinadas circunstâncias, as quais, se modificadas no curso da relação contratual, determinam, por sua vez, consequências diversas daquelas inicialmente estabelecidas, com repercussão direta no equilíbrio das obrigações pactuadas".[309]

Quanto à teoria da imprevisão, como visto, a imprevisibilidade do fato superveniente é um dos pressupostos de sua aplicação, não sendo admitida a revisão do contrato, se era possível prever o mesmo fato, no momento da celebração do negócio.

Portanto, o Código de Defesa do Consumidor não consagrou a teoria da imprevisão, mas o instituto da onerosidade excessiva superveniente,[310] que independe da imprevisibilidade do fato posterior que alcança o contrato em sua fase de cumprimento. Basta que esse fato provoque o desequilíbrio contratual e a desproporção exagerada entre prestação e contraprestação, para que fique autorizada a revisão do contrato.

---

[309] Recurso Especial nº 1.321.614-SP, Relator Ministro Paulo de Tarso Sanseverino, Relator para Acórdão Ministro Ricardo Villas Bôas Cueva, 3ª Turma, julgado em 16/12/2014.
[310] Como é tratado no presente trabalho.

7.
Conclusões

Os contratos de execução continuada ou diferida podem ser atingidos por fatos supervenientes à sua formação, que alterem substancialmente as circunstâncias negociais e tornem excessivamente oneroso o cumprimento obrigacional por uma das partes.

Por isso é necessário que exista norma que contenha mecanismo de proteção das partes, nas relações contratuais de Direito Civil, diante de eventual acontecimento extraordinário e inevitável que modifique o conteúdo econômico do contrato em curso de execução e que venha a causar excessivo desequilíbrio entre as prestações pactuadas, com o consequente enriquecimento injustificado de uma das partes às custas do empobrecimento da outra.

Esse mecanismo de proteção contratual deve estar desvinculado da teoria da imprevisão, pois ela não fornece solução para todas as hipóteses de onerosidade excessiva e de desequilíbrio contratual supervenientes, especialmente aquelas que decorrem de fatos que podem ocorrer e que, portanto, são previsíveis, embora não sejam esperados pelas partes contratantes.

Muitas situações supervenientes, que são previsíveis, mas extraordinárias, podem acarretar desequilíbrio contratual, proporcionando vantagem excessiva para uma das partes contratantes e desvantagem também exagerada para a outra, tornando impossível ou insuportável para esta o adimplemento da prestação.

Justifica-se, pois, a criação de mecanismo legal que, nessas hipóteses, sem depender de interpretação de seu aplicador, possibilite restabelecer o equilíbrio das prestações ou extinguir a relação jurídica contratual, a fim de evitar o enriquecimento sem causa de uma das partes ou o empobrecimento injustificado da outra.

Os princípios de direito contratual e teorias devem coexistir em harmonia, sempre visando à equidade e ao equilíbrio nas relações contratuais e tendo em vista a função social do contrato e a dignidade da pessoa humana, atenuando-se os princípios da autonomia da vontade e da força obrigatória dos contratos, sempre que se verificarem a onerosidade excessiva e o desequilíbrio contratual supervenientes.

Existem alguns princípios que, em determinadas circunstâncias, prevalecem sobre os demais e servem de fundamento para revisão ou resolução dos contratos cujas prestações tenham se tornado excessivamente onerosas.

Entre esses princípios, destacam-se o da boa-fé objetiva, do equilíbrio contratual, da função social do contrato, da equidade e da dignidade da pessoa humana, os quais representam limitação ao princípio *pacta sunt servanda*, pelo qual os contratos criam lei entre as partes e, por isso, devem ser cumpridos da maneira como celebrados, ou seja, sem qualquer alteração posterior.

Esse princípio da força obrigatória dos contratos sofre limitação nos casos de onerosidade excessiva superveniente, em razão da necessidade de serem alteradas as cláusulas e condições do contrato que estejam gerando o desequilíbrio entre as prestações. Assim, os contratos devem ser cumpridos, mas de forma equilibrada e justa, para que não sirvam de instrumento para enriquecimento injustificado e para ruína das partes que estejam economicamente vulneráveis.

Por outro lado, a onerosidade excessiva superveniente caracteriza-se quando, repentinamente, surge desproporcionalidade exagerada entre prestação e contraprestação, decorrente de fato extraordinário e alheio à vontade e ao controle das partes contratantes, que propicie grande lucro a uma delas e acarrete grave prejuízo à outra.

Não se trata de mera dificuldade de cumprimento da obrigação, mas de efetiva quebra do equilíbrio contratual. Independentemente da situação financeira do devedor e do sacrifício que este sofrerá para cumprimento de sua obrigação, deve-se verificar se a proporcionalidade

CONCLUSÕES

entre prestação e contraprestação originárias, ou seja, existentes no momento da formação do contrato, foi afetada substancialmente após a superveniência do fato modificador do conteúdo econômico do contrato.

Por isso que se deve atentar para as circunstâncias econômicas do negócio, verificando seu sentido, sua finalidade, seu objeto, as obrigações que foram estipuladas, os ganhos e as perdas proporcionados às partes e, ainda, a reciprocidade e o equilíbrio entre prestação e contraprestação. E no caso de brusca alteração dessas circunstâncias econômicas, deve ser restabelecido o equilíbrio das prestações mediante modificação das cláusulas e condições contratuais.

A onerosidade excessiva e o desequilíbrio contratual supervenientes são extremamente prejudiciais à relação jurídica contratual, pois provocam a insuportabilidade ou a impossibilidade de cumprimento obrigacional para uma das partes contratantes, motivo pelo qual devem determinar a revisão do contrato ou, não sendo ela possível, a sua resolução, independentemente da previsibilidade ou imprevisibilidade do acontecimento que alterar as bases econômicas do contrato.

Antes da resolução do contrato, que implica a volta das partes ao estado anterior, com a consequente restituição dos objetos e valores que foram entregues ou perda e compensação dos serviços que foram executados, por conta do negócio realizado, primeiramente, deve ser dada oportunidade para manutenção da relação jurídica contratual, permitindo-se a modificação de suas cláusulas e condições para restabelecer o equilíbrio das prestações. Somente deve recorrer-se à resolução do contrato se não for possível o restabelecimento do equilíbrio, se restar impossível o cumprimento da obrigação ou se a parte demandada provar que a revisão lhe será ruinosa.

Reafirme-se, portanto, que, ocorrendo fato superveniente que altere drasticamente as circunstâncias e a base objetiva do negócio, tornando impossível ou insuportável a uma das partes seu adimplemento, por ter se tornado excessivamente oneroso, deve ser realizada a revisão do contrato e adaptação de suas cláusulas e condições à nova realidade econômica, eliminando a desproporcionalidade instalada e restabelecendo o equilíbrio das prestações.

Entretanto, não sendo possível ou sendo inviável a revisão do contrato, deve-se proceder à sua resolução, desde que tal inviabilidade não tenha sido causada por conduta das partes contratantes.

8.
Construção Legislativa

Cumpre apresentar, nesta oportunidade, esboço de anteprojeto de lei, contendo nova redação dos artigos 317, 478 e 479 do Código Civil de 2002, e propondo que seja autorizada a revisão ou a resolução do contrato de execução continuada, periódica ou diferida, quando fato superveniente e extraordinário alterar seu conteúdo econômico e tornar insuportável ou impossível o cumprimento das obrigações nele pactuadas.

Esse esboço de anteprojeto faz-se necessário para que o instituto da onerosidade excessiva não apresente os vícios de redação que se mostraram no Projeto e foram mantidos no Código Civil vigente.

**Proposta de nova redação dos artigos 317, 478 e 479
do Código Civil de 2002:**

Art. 317. Quando, por motivos extraordinários e inevitáveis, sobrevier desproporção manifesta entre o valor da prestação devida e o do momento de sua execução, poderá o juiz corrigi-lo, a pedido da parte, de modo que assegure, quanto possível, o valor real da prestação.

(...)

Da Revisão e da Resolução por Onerosidade Excessiva

Art. 478. Nos contratos de execução continuada, periódica ou diferida, se a prestação de uma das partes se tornar excessivamente onerosa, em virtude de acontecimentos extraordinários e inevitáveis supervenientes à celebração do negócio, poderá a parte prejudicada pedir a revisão judicial do contrato.

§1º Considerar-se-á excessivamente onerosa a prestação que sofrer aumento ou diminuição acentuada e anormal, decorrente de fato superveniente alheio à vontade das partes. A onerosidade excessiva deverá ser apurada levando-se em consideração as circunstâncias econômicas e de mercado e os riscos próprios do negócio realizado.

§2º Verificada a desproporcionalidade nos moldes acima previstos, e não concordando o demandado com a modificação equitativa das condições do negócio, o juiz decretará a revisão do contrato, alterando e adaptando às novas circunstâncias as cláusulas e condições contratuais que passaram a gerar onerosidade excessiva.

§3º Se não for possível restabelecer o equilíbrio das prestações, se ficar impossível o seu adimplemento ou se ficar comprovado que a modificação das cláusulas e condições contratuais será prejudicial à parte demandada ou alterará a finalidade originariamente estabelecida no contrato, o juiz decretará a sua resolução, voltando as partes ao estado anterior à realização do negócio. Os efeitos da sentença que a decretar retroagirão à data da citação.

Art. 479. Ainda na hipótese de onerosidade excessiva superveniente, prevista no *caput* do art. 478, poderá o devedor, alternativamente, pedir a resolução do contrato, observando-se o disposto no seu §3º.

Parágrafo único. Na hipótese do *caput*, a resolução poderá ser evitada, oferecendo-se o demandado a modificar equitativamente as condições do contrato para restabelecer o equilíbrio das prestações.

REFERÊNCIAS

Obras Nacionais

AZEVEDO, Álvaro Villaça – Curso de Direito Civil, vol. II, Teoria Geral das Obrigações e Responsabilidade Civil, Ed. Saraiva Jur, São Paulo, 13ª ed., 2019.

AZEVEDO, Álvaro Villaça – Curso de Direito Civil, vol. III, Teoria Geral dos Contratos, Ed. Saraiva Jur, São Paulo, 4ª ed., 2019.

AZEVEDO, Antonio Junqueira de – Negócio Jurídico e Declaração Negocial – Noções gerais e formação da declaração negocial, Tese de Concurso de Professor Titular, apresentada na Faculdade de Direito da Universidade de São Paulo, 1986.

BASTOS, Celso Ribeiro – Curso de Direito Constitucional, Ed. Saraiva, São Paulo, 12ª ed., 1990.

BESSONE, Darcy – Do Contrato – Teoria Geral, Ed. Saraiva, São Paulo, 4ª ed., 1997.

BITTAR, Carlos Alberto – Contratos Civis, Ed. Forense Universitária, Rio de Janeiro, 1990.

BITTAR, Carlos Alberto – Intervenção estatal na economia contratual e a teoria da imprevisão, *in* Contornos Atuais da Teoria dos Contratos, Coordenador Carlos Alberto Bittar, Ed. Revista dos Tribunais, São Paulo, 1993.

DE LUCCA, Newton – Direito do Consumidor – Aspectos práticos, perguntas e respostas, Ed. Edipro, São Paulo, 2ª ed., 2000.

DINIZ, Maria Helena – Tratado Teórico e Prático dos Contratos, vol. 1, Ed. Saraiva, São Paulo, 2ª ed., 1996.

DINIZ, Maria Helena – Lei de Introdução ao Código Civil Brasileiro Interpretada, Ed. Saraiva, São Paulo, 5ª ed., 1999.

DINIZ, Maria Helena – Curso de Direito Civil Brasileiro, vol. 3, Ed. Saraiva, São Paulo, 28ª ed., 2012.

FERRAZ JUNIOR, Tercio Sampaio – Introdução ao Estudo do Direito, Ed. Atlas, São Paulo, 1991.
FILOMENO, José Geraldo Brito – Código Brasileiro de Defesa do Consumidor Comentado pelos Autores do Anteprojeto, Ed. Forense, Rio de Janeiro, 12ª ed., 2019, pp. 136 a 175.
FONSECA, Arnoldo Medeiros da – Caso Fortuito e Teoria da Imprevisão, Ed. Tipografia do Jornal do Comércio, Rio de Janeiro, 1932.
GOMES, Orlando – Contratos, Ed. Forense, Rio de Janeiro, 18ª ed. atualizada por Humberto Theodoro Junior, 1998.
GOMES, Orlando – Transformações Gerais do Direito das Obrigações, Ed. Revista dos Tribunais, São Paulo, 2ª ed., 1980.
GONÇALVES, Luiz da Cunha – Tratado de Direito Civil, vol. IV, tomo II, Ed. Max Limonad, São Paulo, 2ª ed., 1ª ed. brasileira, sem ano.
HIRONAKA, Giselda Maria Fernandes Novaes – Direito Civil – Estudos, Ed. Del Rey, Belo Horizonte, 2000.
KLANG, Márcio – A teoria da imprevisão e a revisão dos contratos, Ed. Revista dos Tribunais, São Paulo, 1983.
LÔBO, Paulo Luiz Neto – O contrato – Exigências e concepções atuais, Ed. Saraiva, São Paulo, 1986.
LÔBO, Paulo Luiz Neto – Condições gerais dos contratos e cláusulas abusivas, Ed. Saraiva, São Paulo, 1991.
LÔBO, Paulo Luiz Neto – Direito Civil – Contratos, Ed. Saraiva, São Paulo, 2011.
LOPES, Miguel Maria de Serpa – Curso de Direito Civil, vol. III, Fontes das Obrigações: Contratos, Ed. Freitas Bastos, Rio de Janeiro, 6ª ed. revista e atualizada pelo Prof. José Serpa Santa Maria, 1996.
MADEIRA, Eliane Maria Agati – *Laesio Enormis*, Tese de Doutorado apresentada na Faculdade de Direito da Universidade de São Paulo, 1988.
MAIA, Paulo Carneiro – Da cláusula *rebus sic stantibus*, Tese de Concurso de Professor Titular, apresentada na Faculdade de Direito da Universidade de São Paulo, 1959.
MALUF, Carlos Alberto Dabus – Do caso fortuito e da força maior – Excludentes de culpabilidade no Código Civil de 2002, *in* Responsabilidade civil: Estudos em homenagem ao Professor Rui Geraldo Camargo Viana, Coordenadores Rosa Maria de Andrade Nery e Rogério Donnini, Ed. Revista dos Tribunais, São Paulo, 2009, pp. 81 a 102.
MARQUES, Cláudia Lima – Contratos no Código de Defesa do Consumidor, Ed. Revista dos Tribunais, São Paulo, 8ª ed., 2016.
MARTINS-COSTA, Judith – Sistema e Cláusula Geral – A Boa-Fé Objetiva no Processo Obrigacional, Tese de Doutorado apresentada na Faculdade de Direito da Universidade de São Paulo, 1996.

REFERÊNCIAS

MARTINS-COSTA, Judith – A Boa-fé no Direito Privado – Critérios para a sua aplicação, Ed. Saraiva Jur, São Paulo, 2ª ed., 2ª tiragem, 2018.

MAXIMILIANO, Carlos – Hermenêutica e Aplicação do Direito, Ed. Forense, Rio de Janeiro, 11ª ed., 1991.

MENDONÇA, Manoel Ignacio Carvalho de – Contratos no Direito Civil Brasileiro, Ed. Francisco Alves e Cia., Rio de Janeiro, 1911.

MIRANDA, Custódio da Piedade Ubaldino – Teoria Geral do Negócio Jurídico, Ed. Atlas, São Paulo, 1991.

MIRANDA, Custódio da Piedade Ubaldino – Contrato de Adesão, Tese de Concurso de Professor Livre-Docente, apresentada na Faculdade de Direito da Universidade de São Paulo, 2000.

MONTEIRO, Washington de Barros – Curso de Direito Civil, vol. 5, Direito das Obrigações, 2ª parte, Ed. Saraiva, São Paulo, 34ª ed. atualizada por Carlos Alberto Dabus Maluf e Regina Beatriz Tavares da Silva, 2003.

MORAES, Alexandre de – Direito Constitucional, Ed. Atlas, São Paulo, 36ª ed., 2020.

NEGREIROS, Teresa – Fundamentos para uma Interpretação Constitucional do Princípio da Boa-Fé, Ed. Renovar, Rio de Janeiro, 1998.

NERY JÚNIOR, Nelson – Código Brasileiro de Defesa do Consumidor Comentado pelos Autores do Anteprojeto, Ed. Forense, Rio de Janeiro, 12ª ed., 2019, pp. 511 a 660.

PEREIRA, Caio Mário da Silva – Instituições de Direito Civil, vol. III, Ed. Forense, Rio de Janeiro, 11ª ed., 2004.

PEREIRA, Caio Mário da Silva – Lesão nos contratos, Ed. Forense, Rio de Janeiro, 6ª ed., 1997.

POPP, Carlyle – Princípio Constitucional da dignidade da pessoa humana e a liberdade negocial – A proteção contratual no Direito brasileiro, *in* Direito Civil Constitucional – Cadernos 1, Coordenador Renan Lotufo, Ed. Max Limonad, São Paulo, 1999, pp. 149 a 211.

RÁO, Vicente – O Direito e a Vida dos Direitos, Ed. Revista dos Tribunais, São Paulo, 5ª ed. anotada e atualizada por Ovídio Rocha Barros Sandoval, 1999.

ROCHA, Arthur – Da intervenção do Estado nos contratos concluídos (A revisão dos negócios privados e o Código Civil) – Lesão imprevista (A sorte da moeda nas obrigações), Ed. Irmãos Pongetti, Rio de Janeiro, 1932.

RODRIGUES, Silvio – Direito Civil, vol. 3, Dos Contratos e das Declarações Unilaterais da Vontade, Ed. Saraiva, São Paulo, 28ª ed., 2002.

RODRIGUES JUNIOR, Otavio Luiz – Revisão Judicial dos Contratos – Autonomia da Vontade e Teoria da Imprevisão, Ed. Atlas, São Paulo, 2002.

SIDOU, J. M. Othon – Resolução Judicial dos Contratos (Cláusula Rebus Sic Stantibus) e Contratos de Adesão, Ed. Forense, Rio de Janeiro, 3ª ed., 2000.

SILVA, Luís Renato Ferreira da – Revisão dos Contratos: Do Código Civil ao Código do Consumidor, Ed. Forense, Rio de Janeiro, 1ª ed., 2ª tiragem, 1999.
SILVA, Regina Beatriz Tavares da – Cláusula "Rebus Sic Stantibus" ou Teoria da Imprevisão – Revisão Contratual, Ed. Cejup, Belém, 1989.
WALD, Arnoldo – A cláusula de escala móvel, Editora Nacional de Direito, Rio de Janeiro, 2ª ed., 1959.

Obras Estrangeiras

ALMEIDA, Carlos Ferreira de – Contratos, vol. I, Ed. Almedina, Coimbra, 6ª ed., 2017.
ALMEIDA, Carlos Ferreira de – Contratos, vol. II, Ed. Almedina, Coimbra, 4ª ed., 2016.
ALPA, Guido; BONILINI, Giovanni; CARNEVALI, Ugo; e MAJO, Adolfo Di – La Disciplina Generale Dei Contratti, dalle Istituzioni Di Diritto Privato, Coordenador Mario Bessone, Ed. G. Giappichelli, Torino, 1994.
ANDREWS, Neil – Direito Contratual na Inglaterra, Ed. Revista dos Tribunais, São Paulo, 2012.
ASCENSÃO, José de Oliveira – Direito Civil, Teoria Geral, vol. 3, Relações e Situações Jurídicas, Ed. Saraiva, São Paulo, 2ª ed., 2010.
AZEVEDO, Marcos de Almeida Villaça – Buena fe objetiva y los deberes de ella derivados, *in* Tratado de la Buena Fe en el Derecho, tomo II, Coordenadores Marcos M. Córdoba, Lidia M. Garrido Cordobera e Viviana Kluger, Ed. La Ley, Buenos Aires, 1ª ed., 2004, 2ª tiragem, 2005, pp. 129 a 154.
CALLATAŸ, Edouard de – Études sur l'interprétation des conventions, Ed. Établissements Émile Bruylant, Bruxelles, 1947.
CAPITANT, H. e COLIN, Ambroise – Cours Elementaire de Droit Civil Français, tomo X, Ed. Librairie Dalloz, Paris, 4ª ed., 1924.
CARBONNIER, Jean – Droit Civil, vol. 4, Les Obligations, Ed. Presses Universitaires de France, Paris, 6ª ed., 1969.
CARLI, Guido e CAPRIGLIONE, Francesco – Inflazione e Ordinamento Giuridico, Ed. Giuffrè, Milão, 1981.
CARRESI, Franco – Dell'Interpretazione del contratto, Ed. Zanichelli, Bologna, 1992.
CHINELLATO, Silmara – Le juge et la révision du contrat en droit brésilien, *in* Regards franco-brésiliens sur l'évolution du droit des obligations. Le juge et le contrat. L'objectivisation de la responsabilité civile, Coordenador Olivier Gout, Ed. Verlag Éditeurs, Balti, 2017, pp. 160 a 172.
CHIRELSTEIN, Marvin A. – Concepts and Case analysis in the law of Contracts, Ed. The Foundation Press, New York, 1990.

REFERÊNCIAS

CORDEIRO, António Manuel da Rocha e Menezes – Da Boa-Fé no Direito Civil, Ed. Almedina, Coimbra, 6ª reimpressão, 2015.

CORDEIRO, António Manuel da Rocha e Menezes – Tratado de Direito Civil, vol. IX, Ed. Almedina, Coimbra, 3ª ed., 2017.

COSTA, Mário Júlio de Almeida – Direito das Obrigações, Ed. Almedina, Coimbra, 12ª ed., 2009, 5ª reimpressão, 2018.

CUPIS, Adriano de – Istituzioni di Diritto Privato, Ed. Giuffrè, Milão, 1983.

DAVIES, F. R. – Contract, Ed. Sweet & Maxwell, Londres, 5ª ed., 1986.

FERREIRA, Durval – Erro Negocial – Objeto, Motivos, Base Negocial e Alterações de Circunstâncias, Ed. Almedina, Coimbra, 2ª ed., 1998.

BEATSON, Jack e FRIEDMANN, Daniel – Good Faith and Fault in Contract Law, Ed. Clarendon Press, Oxford, 1995, reimpressão, 2002.

GALGANO, Francesco – Diritto Privato, Ed. Cedam, Padova, 9ª ed., 1996.

GALLO, Paolo – Sopravvenienza Contrattuale e Problemi di Gestione Del Contratto, Ed. Giuffrè, Milão, 1992.

GORLA, Gino – Il Contratto – Problemi Fondamentali Trattati com il Metodo Comparativo e Casistico, tomos I e II, Ed. Giuffrè, Milão, 1954.

HERBOTS, Jacques – Contract Law in Belgium, Ed. Kluwer Law, Deventer-Boston--Bruxelas, 1995.

LARENZ, Karl – Base Del Negocio Jurídico y Cumplimiento de los Contratos, tradução de Carlos Fernandez Rodriguez, Ed. Revista de Derecho Privado, Madrid, 1956.

LARENZ, Karl – Derecho De Obligaciones, Tomo I, versão espanhola e notas de Jaime Santos Briz, Ed. Revista de Derecho Privado, Madrid, 1958.

MAJOR, W. T. – The Law Of Contract, Ed. Macdonald & Evans Ltd., Londres, 1965.

MAJOR, W. T. – Cases In Contract Law, Ed. Macdonald & Evans Ltd., Londres, 1977.

MALINVAUD, Philippe – Droit des Obligations – Les mécanismes juridiques des relations économiques, Ed. Litec, Paris, 6ª ed., 1992.

MESSINEO, Francesco – Doctrina General del Contrato, tomos I e II, Ediciones Jurídicas Europa-América, Buenos Aires, 1952.

MIRABELLI, Giuseppe – Commentario del Codice Civile, vol. IV, tomo III, Artt. 1470-1765, I Singoli Contratti, Ed. Utet, Torino, 3ª ed., 1991.

OERTMANN, Paul – Introducción al Derecho Civil, tradução da 3ª ed. alemã por Luis Sancho Seral, Ed. Labor, Barcelona–Buenos Aires, 1933.

ORRÙ, Silvia – La Rescissione del Contratto, Ed. Cedam, Padova, 1997.

PÉDAMON, Michel – Le contrat en droit allemand, Ed. LGDJ, Paris, 1993.

PEÑA, Federico Puig – Compendio de Derecho Civil Español, tomo IV, Ed. Aranzadi, Pamplona, 2ª ed., 1972.

PINO, Augusto – La Excesiva Onerosidad de la Prestacion, tradução e notas comparativas ao Direito Espanhol por Federico de Mallol, Ed. Bosch, Barcelona, 1959.

PLANIOL, Marcel e RIPERT, Georges – Traité Pratique de Droit Civil Français, tomos X e XI, Contrats Civils, Ed. LGDJ, Paris, 2ª ed., 1956.

PLASTARA, Georges – Du Droit de Réduction – Des Conventions Excessives, Ed. Recueil Sirey, Paris, 1914.

RIAS, Nicolas – Le juge et la révision du contrat en droit français, in Regards franco-brésiliens sur l'évolution du droit des obligations. Le juge et le contrat. L'objectivisation de la responsabilité civile, Coordenador Olivier Gout, Ed. Verlag Éditeurs, Balti, 2017, pp. 151 a 159.

RODIERE, René (direction e avant-projet de loi commune commentée) – Objet, cause et lesion du contrat – Harmonisation du Droit des Affaires dans le pays du marche commun, Ed. A. Pedone, Paris, 1980.

RODIERE, René (Coordenador) – Les modifications du contrat au cours de son exécution en raison de circonstances nouvelles, Ed. A. Pedone, Paris, 1984.

ROPPO, Enzo – O Contrato, tradução de Ana Coimbra e M. Januário C. Gomes, Ed. Almedina, Coimbra, 2009.

ROSSI, Carlo – Nuovissimi contratti, Ed. FAG, Milão, 1983.

RUGGIERO, Roberto de – Instituições de Direito Civil, vol. 1, tradução da 6ª edição italiana por Paolo Capitanio, Ed. Bookseller, Campinas, 1ª ed., 1999.

SAVATIER, René – La Théorie des Obligations – Vision juridique et économique, Ed. Dalloz, 2ª ed., 1969.

SPARWASSER, Reinhard – Les modifications du contrat au cours de son exécution en raison de circonstances nouvelles, Coordenador René Rodiere, Ed. A. Pedone, Paris, 1984, pp. 123 a 144.

STIGLITZ, Rubén S. – Autonomía de la Voluntad y Revisión del Contrato, Ed. Depalma, Buenos Aires, 1992.

TERRANOVA, Carlo G. – L'eccessiva onerosità nei contratti, in Il Codice Civile – Commentario, Artt. 1467-1469, Coordenador Piero Schlesinger, Ed. Giuffrè, Milão, 1995.

WINDSCHEID, Bernard – Diritto delle Pandette, vol. 1, 1ª parte, tradução de Carlo Fadda e Paolo Emilio Bensa, Ed. Utet, Turim, 1902, pp. 1.035 a 1.054.

WYNNE-GRIFFITHS, Ralph – Les modifications du contrat au cours de son exécution en raison de circonstances nouvelles, Coordenador René Rodiere, Ed. A. Pedone, Paris, 1984, pp. 145 a 156.

Artigos e Verbetes

AGUIAR JÚNIOR, Ruy Rosado de – A boa-fé na relação de consumo, in Revista de Direito do Consumidor, Instituto Brasileiro de Política e Direito do Consumidor, vol. 14, pp. 20 a 27, Ed. Revista dos Tribunais, São Paulo, abril/junho de 1995.

REFERÊNCIAS

AGUIAR JÚNIOR, Ruy Rosado de – Projeto do Código Civil – As obrigações e os contratos, *in* Revista dos Tribunais, vol. 775, pp. 18 a 31, Ed. Revista dos Tribunais, São Paulo, maio de 2000.

AZEVEDO, Álvaro Villaça – Teoria da imprevisão e revisão judicial nos contratos, *in* Revista dos Tribunais, vol. 733, pp. 109 a 119, Ed. Revista dos Tribunais, São Paulo, novembro de 1996.

AZEVEDO, Álvaro Villaça – Princípios gerais de direito contratual aplicáveis à dívida externa dos países em desenvolvimento, *in* Revista dos Tribunais, vol. 718, pp. 7 a 12, Ed. Revista dos Tribunais, São Paulo, agosto de 1995.

AZEVEDO, Antonio Junqueira de – Responsabilidade Pré-Contratual no Código de Defesa do Consumidor: Estudo Comparativo com a Responsabilidade Pré--Contratual no Direito Comum, *in* Revista da Faculdade de Direito da Universidade de São Paulo, vol. 90, pp. 121 a 132, São Paulo, 1995.

AZEVEDO, Antonio Junqueira de – Princípios do novo direito contratual e desregulamentação do mercado – Direito de exclusividade nas relações contratuais de fornecimento – Função social do contrato e responsabilidade aquiliana do terceiro que contribui para inadimplemento contratual, *in* Revista dos Tribunais, vol. 750, pp. 113 a 120, Ed. Revista dos Tribunais, São Paulo, abril de 1998.

DANTAS, Santiago – Evolução contemporânea do Direito Contratual, *in* Revista dos Tribunais, vol. 195, pp. 544 a 557, Ed. Revista dos Tribunais, São Paulo, janeiro de 1952.

FIUZA, César – Aplicação da cláusula *rebus sic stantibus* aos contratos aleatórios, *in* Revista de Informação Legislativa do Senado Federal, vol. 36, nº 144, pp. 5 a 10, outubro/dezembro de 1999; disponível em http://www2.senado.leg.br/bdsf/handle/id/527; acesso em 06/04/2020.

HIRONAKA, Giselda Maria Fernandes Novaes – Função social do contrato, *in* Revista de Direito Civil, Imobiliário, Agrário e Empresarial, vol. 45, pp. 141 a 152, Ed. Revista dos Tribunais, São Paulo, julho/setembro de 1988.

HOUAISS, Antônio; VILLAR, Mauro de Salles e FRANCO, Francisco Manoel de Mello – Dicionário Houaiss da Língua Portuguesa, Ed. Objetiva, Rio de Janeiro, 2001.

MACEDO, Silvio de – Boa-Fé – II, verbete *in* Enciclopédia Saraiva do Direito, vol. 11, pp. 495 a 498, Ed. Saraiva, São Paulo, 1978.

MARQUES, Cláudia Lima – Novas regras sobre a proteção do consumidor nas relações contratuais, *in* Revista de Direito do Consumidor, Instituto Brasileiro de Política e Direito do Consumidor, vol. 1, pp. 27 a 54, Ed. Revista dos Tribunais, São Paulo, janeiro/março de 1992.

PEREIRA, Caio Mário da Silva – Boa-Fé – I, verbete *in* Enciclopédia Saraiva do Direito, vol. 11, pp. 485 a 495, Ed. Saraiva, São Paulo, 1978.